JN438016

봇물 터지듯

문학공원 시선 74

봇물 터지듯

김태연 시집

문학공원

시집을 내며

내 詩는 아직 시다
덜 여문 복숭아다
시를 쓰고 있으면
내 마음이 새콤해진다
삘기 찔레 시경이 꺾어먹으며
들판을 뛰어다니던 유년을 담았다
아버지의 들판도 담고
어머니의 치마폭도 담았다
내가 사는 모습도 보여드린다
처음엔 시가 시큼털털하더니
이젠 시가 구수해진다
오래된 된장 맛은 약간 시큼하면서 구수한데
이 시집을 읽는 사람들에게
그렇게 편안하게 느껴졌으면 좋겠다

2012년 초겨울 김태연 올림

차 례

1부 모 심던 날

2부 비 개인 뒤

3부 강가에 누워

4부 잠든 뻐꾸기

5부 나들목의 애환

1부

모 심던 날

구슬치기

구슬치기에 푹 빠진 아랫말 꼬맹이들
날 저무는 줄 모르고 흙바닥에 엎드려 있다
힘껏 감아쥔 손가락으로 구슬 튕길 때
딱지치기하던 형들이 논둑길 달려온다
행여 그들에게 꽃구슬 빼앗길세라
걷어 올린 삼베 옷자락에 주섬주섬 챙겨 담고
집안으로 잽싸게 뛰어든 막둥이 가쁜 숨 몰아쉰다
댓돌 밟고 오르려다 뜰 앞에서 머뭇머뭇
침침한 대청마루 밑 기웃거리다
그곳도 불안한 듯 엄마 눈치 살피며
저녁밥 짓는 부엌으로 얼핏 들어선다
크기도 각각 색깔도 각각
유리구슬이 보물이라도 되는 양
나뭇간 깊숙이 숨긴 뒤에야 밥상 앞으로 다가간다

연 날리기 하다가 헐레벌떡 달려온 큰 엉아
댓돌 밑이랑 부엌이랑 구석구석 뒤지다가
빌려준 구슬 내놓으라 으름짱을 놓는다

어느 이발사

- 주순영 님에게

아랫말 윗말 모두 합쳐야 서른세 집뿐인 마을
말만하면 언제라도 머리를 깎아주던
번듯한 가게도 없는 이발사가 있었다
사립문 밖 마당으로 의례히 들려나오던 낡은 의자
삐거덕거리는 다리잡고 개다리춤에 빠진다
손때 덕지덕지 묻은 녹슨 바리깡
하굣길에 등 떠밀려온 아이 까까중 만든다
등받이에 매달린 닳아빠진 가죽혁대에
접이식 면도칼 쓱쓱 문지를 때면 가슴이 서늘하다
빨랫비누 거품으로 목 뒤를 면도할라치면
늙어빠진 의자는 네다리 흔들며 앙탈을 부린다
삯이라 해봐야 봄가을 두 차례
벼 한 말 겉보리 한 말이 고작이지만
그마저 재미가 쏠쏠하다는 욕심 없는 총각이다
때로는 기계충 번진 머리 볼상사나워도
찌든 가난 물리치고 아버지 머슴살이 면케 해드리고
막내 동생에게 이발관 차려준 주 서방네 맏아들은
까까쟁이 효자동이다

얼음광장

따뜻한 온천수에 발 담그고
도고산 끌어안은 간 큰 사내로 태어나
송악 예산 머리에 이고 한 학군을 품었다
가뭄엔 단비로 거북이등 해갈하고
내리쏟는 장맛비에 꿀꺽 삼킨 농기구로 체증 앓는다
때로는 나이 어린 마을 처녀 제물로 삼키고
숱한 구설 입방아로 몸살 앓기도 하지만
쌀밥 미역국 넉넉히 담은 바가지 물에 띄우곤
용왕님 찾아 떠나는 긴 여정 촛불로 배웅을 받지
지도 닮은 사내로 오가는 발길 살필라치면
볼꼴 못 볼꼴에 성큼성큼 뒤 바뀌는 사계절
칼바람 몰아치는 겨울엔 꽁꽁 언 썰매장이다
얼음 지치던 꼬맹이들 팽이치기로 빙판 맴돌며
토끼털 귀마개 조무래기 연날리기로 신나는 곳
곤두박질로 찢긴 피부도 아랑곳하지 않고 씽씽
자연이 허락한 임시 썰매장 드넓은 놀이터

다듬이질

두 고부가 대청마루에 앉아 이불호청을 두들기고 있다
꾹 다문 입술에 전운이 감돈다
어머니, 이젠 광열쇠를 내놓으시지요
말끝마다 말대답하는 그 입 좀 닫을 수 없겠니
무언의 시위가 한창이다
엉뚱한 생각에 며느리 방망이가 시어머니의 방망이와 부딪혔다
눈을 살짝 흘긴 시어머니
꾸중들을까 눈을 질끈 감은 며느리
땅따당 땅따당땅
어머니, 이젠 땅 한 자리 팔아 세간살이 내주시지요
떡떠덕 떡떠덕떡
떡두꺼비 같은 아들 하나 낳아주기 전엔 어림도 없다
두드려 맞은 이불호청은 주름살 편 채 해맑게 웃고
마을을 휘돌아온 공명에도
마루 밑 누렁이 코를 골고

딸까 말까

가위 바위 보 외치며 계단 오르던 연인
총각이 댓 칸 앞서 갈 때
난 '그만 집에 갈 거야'
다리 아파 못 간다며 엄살떠는 처녀
당황한 총각 급 제안
'그럼 내가 업고 갈까'
아니라고 고개 가로젓는 그를 보며
그럼 어쩌라고,
언짢아 투덜거리던 총각
결국 처녀 업고 주춤거리는데
손 내민 아카시아가 추파를 던진다

늘어진 가지 휘어잡고 딸까 말까
단발머리 깡통치마랑
불편한 옆 걸음질로 오른 계단
마지막 한 잎 따지 못해 술래된 그 청년
책보 메어주던 승자의 환영이 눈에 선하다

모 심던 날

못줄 감아쥐며 두 발 뒷걸음질치던 너는
느슨하게 못줄 풀어 선을 긋는다
듬성듬성 던져놓은 모춤 챙겨든 너의 손놀림이 바쁘다
네가 더듬고 간 흙탕물로 이사한 꼬맹이들
단발머리 산발한 채 수렁 속에서 새집증후군을 앓는다
이쯤에서 한 마지기 모내기를 마친 너는
가쁜 숨 몰아쉬며 흙투성이로 논둑에 올라
권련 한 대씩 꼬나물곤 휜 허리를 편다
똬리 위 큼직한 광주리 야무지게 움켜잡고
한 손엔 주렁주렁 종고라기 매달은 너
행여 참시간 놓칠세라 종종걸음으로
삐뚤삐뚤 한 논둑길 외줄을 탄다
머리에 광주리인 너 아무렇게나 둘러앉아 너
걸쭉한 막걸리와 풋풋한 생절이로 지껄이는 너
봄 입맛 돋구고 허기 달래주는 너
구수한 냄새로 시장기 부추기며 군침 돌게 하는 너는
강달이 듬뿍 섞인 감자조림으로 막걸리를 부른다
욕심껏 퍼 담은 바가지만 바라봐도 배가 불룩한 너

누렇게 고개 숙인 너의 가을이 저만치서 다가온다

문창호지

무려 열여섯 개나 되는 문짝
안방부터 차례대로 떼어내
순서대로 쌓아 올린 사랑채 마루 위
조루에 허드렛물 퍼 담아 문짝에 고루 뿌려준다
충분히 불린 케케묵은 창호지
수수비로 싹싹 쓸어내리고 간격 맞춰 세운다
습기 거친 문짝에 골고루 밀가루 풀칠한 뒤
동생과 맞잡은 창호지를 조심스레 문살에 올린다
한나절 지나 담벼락 그늘에서 적당히 말라갈 쯤
문고리 쪽 손잡이에 맷돌로 눌러둔 국화꽃 올리고
창호지를 덧발라 세로 가로 엇쌓아 놓으면
해맑은 새댁 닮았다는 예쁜 문짝 완성이다
우리 집밖에 없는 독특한 꽃문양 그녀의 솜씨
두툼한 생화라서 투박한 면이 있다지만
세 모녀가 해거름에 동동대며 문틀에 옮겨단다
국화 향 그윽한 안방 쌍창문 살며시 열면
생글생글 아가 미소 닮은 선명한 꽃무늬

설중매를 찾아서

지난 봄 이맘 때
꽤 많은 인파로 북적대던 두물머리
매화꽃 축제가 열렸던 그곳을 찾아
인터넷 확인도 않고 양수리로 출발
쌩쌩 달리는 고속도로 외면하고 국도인
정겨운 옛길을 돌아 양수리로 향했다
그늘 쪽 얕은 물가는 아직 겨울 그대로이고
팔당댐 아래 수심 깊은 물가는 봄이 온 듯
툭 불거진 바위 위에 앉아있는 새들이 보인다
목적지인 양수리에 도착했지만
이미 끝나버린 매화전시회 현수막만
교각에 매달린 채 강바람에 나부낀다
이왕 왔으니 석창원 온실로 들어섰지만
싸늘한 늦추위로 따가운 볼만 문질러댄다
터널 버금가던 즐비한 은행나무 뽑아내고
도로확장 공사로 흙먼지가 뽀얗게 덮인 강마을
아늑하던 옛 정취 간 곳 없이 규격화 시멘트 길
살짝 물오른 매화가지에 쓸쓸함 걸어두고
얼어붙은 강바람 되짚는 허전한 발길

알밤

시골집 부엌 나뭇간 밑엔
밤을 보관하는 구덩이가 있었지
가을이면 튼실한 알밤만 골라
소금물에 담갔다가 물기 말려서
수북하게 쌓인 나뭇더미 헤집고
덮개를 재낀 다음 깊은 구덩이 가득
흙과 버무린 밤을 채우고 꼭꼭 덮었지
제삿날이나 설이 되면 차례지낼 준비로
나뭇간 헤집고 힘겹게 꺼낸 밤 한 접시를
아버님께 전수 받은 솜씨로 예쁘게 깎았지
알밤 옆엔 할머님의 자장가도 함께했지

자장자장 우리 아가 달공달공 우리 아가
밤 한 말을 주워서 살강 밑에 묻었더니
머리 검고 꼬리 검은 생쥐가 다 파먹고
벌레퉁이 한 되 쯤이 남았는데
옹 솥에 삶을 까 가마솥에 삶을까
옹솥에 삶아서 조랭이로 건질까
오줌 박으로 건질까 조랭이로 건져서
겉껍데긴 검둥개 주고 속껍데긴 누굴 줄까

속 알맹인 너랑 나랑 맛있게 냠냠
달공달공 우리 아가 쓰공쓰공 우리 아가

귓전을 맴도는 할머님의 자장가

오곡밥

정월 열나흘
잡귀 몰아낸다는 노간주나무로 오곡밥 짓고
아홉 가지 나물에 오곡밥 아홉 사발 먹는 날
묵은 김치 깍두기는 절대금물이며
나무 아홉 짐으로 머슴 등가죽 벗겨지는 날
발목까지 빠지는 눈길 오르내리던 긴 수염 노인
톡톡 튀는 화력에 가마솥밥 잘도 익는다
시뻘겋게 달궈진 아궁이 불길 속에 던져둔
통가리 속 고구마가 구수한 냄새 코를 자극하지만
어울려 놀기에 정신 팔린 언년이 나몰라 하고
밤 한 바가지 묻어둔 작은 아궁이 불길 속에서
총알처럼 튕겨 나오는 알밤들의 반란으로 난장판
아궁이 앞에 쭈그려 앉은 울 할머니 6.25가 스쳐간 듯
총을 쏜다는 숯불더미 부지깽이로 헤집으며 눈물 닦는다

과열로 튕겨져 부엌바닥에 나뒹구는 것 태반이
설익은 생밤에 통째로 구운 숯검뎅이 고구마
정월 대보름 오곡밥과 맞바꾼 날 밤에
철딱서니라던 울 할머니 혀만 끌끌
널뛰다 뛰어들어온 언년인 안절부절

오리실

태백산의 신령한 정기 받아 잉태되어
송악산 품에서 나고 자란 늠름한 당신
고추보다 더 맵다는 시집살이 석삼 년
그 어려운 보릿고개도 늠름한 품에 안고 넘으셨다지요
버들피리 꺾어 불면서 꽃나들이 함께 떠나자 해도
당신은 머리만 절레절레 침묵으로 일관합니다
마을 어귀 수호신께 무사안일 빈다면서
대쪽 같은 고집으로 석박사 길러낸 당신
멀리 여읜 고명딸이 이바지 싣고 실개천 건너온대도
설레는 맘 가슴에 묻은 채 담담한 얼굴로 마주할 뿐인
당신은 어쩔 수 없는 옹고집쟁이입니다
생이별로 떠밀려온 고난의 피난길
마을로 뛰어든 혈혈단신 앳된 총각을
넉넉한 도량으로 품고 다독여
재 넘어 색시랑 청사초롱 불 밝혀주신 당신
나는 날마다 당신을 찾아
갈보리 죽으로 넘던 고개를 넘는 꿈을 꿉니다

유리구슬

아랫말 용주가 얼음구멍에 빠졌다며
팽이 치던 아이들이 꽁꽁 언 둑길을 내뛴다
가슴을 파고들던 싸늘한 칼바람으로 얼렸다가
삼한사온의 온기로 녹아내려 구멍이 난 모양이다
소곤소곤 귓속말 주고받던
아이들 하나 둘 숫자를 더해
잔디 말라붙은 큰 집 포강가로 슬슬 모여든다
입김 후후 불며 고사리 손 모아 마른 풀 뜯어보지만
습기로 젖은 풀이라서 불은 잘 붙지 않고
아이들 눈물 짜가며 머리 풀어헤친 연기만 꾸역꾸역
논 밭길 지나 마을 뒷산으로 번져간다
가까스로 붙은 미약한 불씨에도 잔디는 솔솔
언 손 호호 불던 아이들 동태돼버린 면양말 말린다
언덕배기 증조부님 불호령이 메아리로 쩌렁쩌렁
야무지게 따 모은 유리구슬 윗도리 앞자락에 싸안고
헐레벌떡 내뛰던 아이 뒤로 와르르 쏟아지는 구슬아씨들
씽씽 미끄럼타던 아이들 발목 잡고 엉덩방아를…

종소리

멀리까지 들리는 시작 종소리에
단거리 선수처럼 점심 먹고 내뛰던 곳
분교에서 본교까지의 성장의 애환 지켜보며
전교생의 희로애락 고스란히 끌어안고
처마 밑 쇠고리에 매달려 시작과 끝을 알려주다
산아제한 후유증으로 폐교의 아픔을 품어왔을 그가
어디론가 자취를 감춘 뒤 찬바람만 휑한 학교운동장
그의 가슴에 방송 콘텐츠란 생소한 이름표가 붙었다
솜바지 저고리에 토끼털 귀마개 챙겨 걸고 내뛰던
아이들이 소망의 꿈 키우던 그곳엔
해맑은 웃음소리 떠난 지 오래고
방송 콘텐츠가 자리한 지지난 해
고향 찾는 눈길 곱지 않다지만 머지않은 날
농민의 교육장으로 거듭나기를 빌어본다

활동사진

둥둥 두둥둥
산골마을에 울리는 북소리
여름방학에 한 번 있는 공식행사
해는 중천에 걸렸건만 빨간 코에 까만 수염 붙이고
화려한 선전포스터 붙은 네모난 틀 등에 지고
조용하던 시골마을을 두둥둥 요란스레 누빈다
일손이 잡힐 리 없는 청장년들 서둘러 일손 털고
어르신들 눈치 보며 슬금슬금 몸단장이 한창이다
눈물 콧물 없이 볼 수 없는 이몽룡과 성춘향전
초등학생 입장불가 성인영화로 애들은 가라
손거울에 찍힌 명배우 총출동 전쟁영화 혁명가의 설움
능숙한 변사의 구성진 화술에 현혹된 순동이 시골총각들
개천에 말뚝 박고 천막 친 가설극장으로 꾸역꾸역
소곤소곤 일개 소대를 이룬 우리도 속속 모여들고
요란한 발동기로 듬성듬성 불 밝힌 천막 앞으로 행진
얼기설기 장대에 걸친 까만 전선 따라 거꾸로 매달린 채
시계추 흉내를 내는 백열등이 사방을 밝혀주는 여름밤
극성스런 모기떼가 손이고 발이고 무차별 공격을 한다
천방지축 백열등으로 날아들던 불나방 곤두박질치던 곳
잔잔한 돌멩이들 지금도 그 개천에서 추억을 돌리겠지

손거울에 끼워 팔던 인기배우 그 인물들
눈물샘 자극하며 전쟁 속 희생양으로 사라져가던
모기 득실거리던 시골 개천, 추억의 가설극장…

호박벌

울 넘어 부추밭 언저리
호두나무 타고 오른 호박넝쿨
노랗게 피어난 소담한 꽃 속으로
깊이 머리 처박은 오동통한 호박벌
힘찬 날갯짓으로
온몸에 노란 분 단장중이다
검정고무신 벗어들고 기회 노리던 머슴아
벌 꽁지 뽑아 꿀 빨아먹을 생각에 빠져
허리 굽혀 살금살금 다가서서
팔 돌리기로 360도 원 그리며
회전하던 팔로 잽싸게 호박꽃을 훑는다
팔이 빠질 지경으로 돌리다가
냅다 팽개친 고무신 옆에 나뒹군다
기절해버린 털북숭이 벌
막내, 어설피 잡은 호박벌 꽁지 입에 물고
맛나게 쪽쪽 빨고 있다

벨소리

소한 대한 지나 입춘이 와도
봄이 온 줄 모르는 철부지더냐
사고로 언어마비 수족마비된 우리 아버지
헤쳐모여 반복하는 비상 연락에
언제 어느 때 긴급 호출 올지 몰라
불안한 대기상태 우리 자매들
엉뚱한 장난전화 벨소리만 울려도
두 근 반 세근 반 뛰는 가슴 새가슴
보고픈 친구들 전화가 걸려 와도
냉큼 달려가 받을 수 없는
애타는 가슴앓이
벼랑 끝 우리 가족

어버이날에

여덟 남매 중 막내와 함께
고향을 지키시며 튼튼하게 자라는 세 명의 손자들이
삶의 유일한 낙이라는 구순 노모님
수천 평 텃밭이 비어있어 안타깝다는 말씀에
갖가지 모종 챙겨 싣고 경부고속도로에 들어섰지만
밀려드는 차들로 새벽 두 시에야 친정집에 도착했다
행여 늦을세라 거실 창밖만 지키다가
환한 자동차 불빛에 눈이 부시다는 어머니!
도란도란 정겨운 상봉에 밤 깊은 줄 모른다
뒤척이던 밤 지나 어설픈 잠 깬 이른 새벽
쇠스랑으로 고른 두둑에 까만 비닐 덮어씌우고
고추모종 두 줄 나란히 심고 가지모종 곁들였다
오이총각 호박처녀에겐 비교적 넓은 땅 안겨주고
어머니가 손쉽게 드나드실 가까운 거리엔
상추 치커리 신선초 더덕을 심었다
언덕 가까이엔 돼지감자를 심고
밭가로는 꺽다리 옥수수를 심어드렸다

만족스럽다는 우리 모친 덩실덩실 어깨춤을…

송화아씨!

5월 훈풍에 꽃비로 날아온
희색이 만면한 그 아가씨는 헤어디자이너
봄나물 찾아 산에 오른 시골아낙
주름진 얼굴에 노란 꽃단장을 시키더니
까만 머리엔 노란 물감들이고 있다
목에 노랑 타월 걸쳐주며
여름을 불러주던 그 아가씨
그녀는 꾀꼬리 부르는 이맘때면
논가에 노랑 물감 풀어 그림을 그리는 화가가 된다
꾹꾹 박아내던 쌀다식 콩다식 검정깨다식 밀어내고
엄지손가락 내밀던 송화아씨
그 파운데이션 향기에
여러 총각 봇짐을 쌌다

반영

해산이 가까운 만삭의 그녀
볼품사나운 배불뚝이 몸으로
뒤울안 넘보다가
그만 우물 속에 빠져버렸다
지켜보던 흐드러진 수국
노을 가린 먹구름 몰아내고
산모 구하려 손 내밀어보지만
그마저 우물 속으로 곤두박질이다
기웃거리던 이 붙잡아보려
나뭇가지로 걸며 애태우나
실바람에 살짝 비켜서고 마는 무능한 이웃
낮달과 물놀이에 정신 팔려
해 저무는 줄도 모르는 저녁나절

잠꼬대

스웨터 짜기 바쁜 어미 옆에서
쿨쿨 단잠 자던 다섯 살 엉아
세 살 동생 얼굴 베게 삼고
겁 없이 동생 가슴을 더듬다가
고함소리에 놀라 벌떡 일어난다
또 한잠 자다가 동생을 더듬더듬
습관적으로 엄마 가슴 더듬던 엉아가
이참엔 동생 쉬야 통을 베고 누웠나 보다
놀란 동생이 잠결에 엉아 따귀 때린다
따귀 맞은 엉아가 갑자기 내뱉는 말
엄마! 정말로 애기가 오줌 쌌단 말이야
말을 맺기도 전 으앙 울음보 터진 막내
엄마로 알고 동생 더듬다 혼줄 난 엉아를
잠꼬대쯤으로 착각하고 만 것에
웃음 짓던 철없는 어미

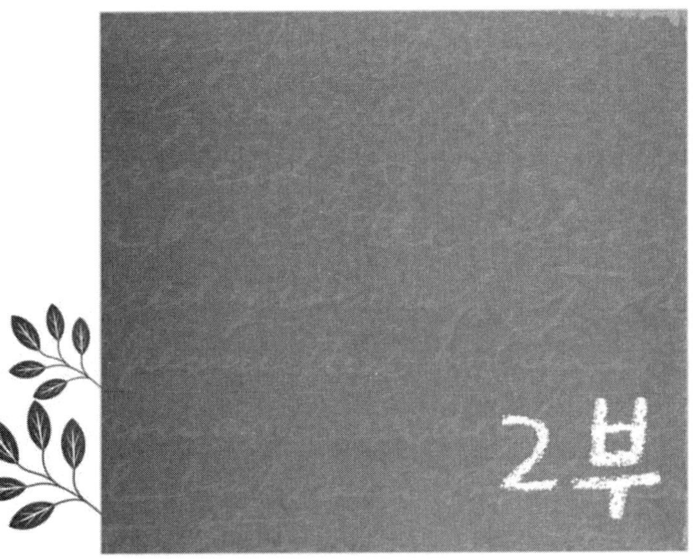
2부

비 개인 뒤

꿩 잡는 매

땡볕 내리쬐는 복더위에
머리에서 찬바람이 난다는 울 엄니
사시장철 두툼한 모자 내려놓지 못해
멋쟁이라는 수식어가 늘 따라 붙는다
운동회하듯 이마에 띠를 두르곤
시린 무릎으로 긴 바지 챙겨 입는 모습이 안쓰럽다
산후통이란 증세를 난치병으로 치부한 채 긴긴 세월
고통 속에 살아오신 엄니에게 지어올린 보약도 허사로
약재상에서 권하는 민간요법을 받아들였다
생 잔대와 생 문어를 세 차례만 달여 먹으면 특효라고
산후통에는 그보다 좋은 약이 없다는 것이다
마른잔대엔 마른문어를 달이면 된다기에 서둘러 구해
팥죽 같이 걸쭉한 즙을 여러 차례 드시게 했다
요즘 선선한 기운 감도는 늦가을이지만
찬바람 나던 머리 시린 무릎이 서서히 없어졌단다
산후통 몰아내고 치욕의 모자 벗어던진 날

'꿩 잡는 게 매'고 모로 가도 서울만 가면 된다며
약재상을 칭찬하던 강건한 울 엄니가 자랑스럽다

가방

성격 좋고 맵시 좋은 멋쟁이
밤색 가죽옷에 꽃단장한 그녀가
중년을 넘어선 늦깎이 만학도를 만났다
이틀이 멀다하고 수강이다 특강이다
바삐 돌아치는 아지매를 닮아가는 그녀
늦깎이 따라 나서느라 덩달아 바쁘다
늘 그랬듯이 불룩한 배 내밀고
아지매 손 꼭 잡은 채 옆구리에 바싹 달라붙어
졸졸졸 따라다니는 그림자 같은 그녀
평생교육 수강 동료 아지매 단짝친구 그녀는
명강의를 좋아하는 것까지 아지매를 닮았다
가죽옷이 썩 잘 어울리는
사랑스러운 그녀

청강생

억새밭 언덕에 자리를 폈다
푸짐한 먹을거리에
맑은 공기로 버무린 만찬
입을 귀에 걸고 열강에 푹 빠져있을 때
명강사 특강, 소문 듣고 날아든 까치 한 마리
교수님 특강 엿들으며 연신 고갯짓이다
호수로 향하던 바람도 잠시 머뭇거린다
영역을 침범 당한 땅주인 거미 씨
유익한 교육인 줄 금세 알아차리곤
거만하게 지켜보던 그녀가 태도를 바꿔
수강생 틈새 비집고 앞자리 넘본다
눈치 빠른 교수님 등짝이 들리더니
단숨에 어깨 너머행이다
이를 어쩌나, 아까운 청강생!
갈대숲에 숨어든 그녀에겐 아직,
다음 학기에 등록하란 말 전하지 못했는데
금방 배운 억새들의 시낭송소리 들린다

거울

유리속의 얼굴 빤히 바라보며
헝클어진 모습 매만지던 아지매
무슨 수강 무슨 모임 구실 삼고
혼자 바쁜 척 빈 집 내게 맡겨두곤
매일 밖으로만 돌아친다
일요일도 예외가 아닌 그와는
얼굴을 마주할 기회조차 별로 없다
짝 찾기 바쁜 화창한 봄이면 예식장행
혼자선 아무것도 할 수 없는 나를 두고
공연이다 대회다 행사도 많아
하루도 집에 붙어 있는 날이 없는
그래서 늘 외로운 빈집 지킴이
온종일 그가 돌아오길 고대했건만
본체만체 바로 컴퓨터 앞으로 다가가는
털털함에 익숙한 무심한 그녀

구두

나는 예쁜 사람보다 부지런한 사람을 좋아합니다
내가 백화점에 나타나면 숱한 눈길 끌지요
아, 알뜰살뜰 매만지는 그 보드라운 손길
한 코너의 마스코트이자 선망의 대상이었죠
어느 날 나는 멋과는 동떨어진 그의 맘에 들어 시집을 왔습니다만
한 달에 고작 두세 번 외출
나는 늘 어둠에 갇혀 추위와 공포로 떨어야 했지요
이제 그는 다른 여인 만나서 들로 산으로 돌아치니
억울하고 분해서 금방이라도 죽을 것만 같습니다
날 데려온 그가 이제 나 같은 건 필요치 않다네요
게다가 해가 바뀌어도 일광욕은 고사하고
음습하고 빛 없는 그늘에만 살라고 하네요
고되고 힘든 삶이라 할지라도
부지런한 사람을 만나고 싶어요
그대의 따사로운 체온을 느끼고 싶어요
그대를 따라 경쾌한 걸음으로 가고 싶어요
그대를 따라 빙글빙글 춤추고 싶어요
나를 데려가줄 사람 없나요

마루타

수술 전초전, 간단한 절차를 밟자
손등에 꽂힌 주사기로 방울방울 수액이 스며든다
중앙에 놓인 수술대로 오르라며 베개를 안겨준다
마취과장이란 중년 여인이 등장하더니
허리는 배꼽을 향해 활처럼 구부리고 바늘 피하지 말고
한 방에 갑시다, 강한 어조가 뒤통수에 꽂힌다
그 말이 채 끝나기도 전에
싸늘한 액체가 등줄기를 타고 몸 안으로 흘러든다
마치 난로 앞에 서 있듯 발가락에 퍼지는 온기

순간, 731부대의 마루타가 머리를 스쳐간다
본인의 의지와는 상관없이
생체실험을 당해야했던 그들의 아픔,
믿고 싶진 않았지만 양심고백으로 증언으로
악독한 그들의 만행이 속속 밝혀지면서 오래 전
「마루타」란 책의 생생한 기억들로 등골이 오싹해진다

서너 시간, 책갈피를 헤매다가 온전히 돌아온 나는
충분히 죽었다가 다시 산 생명이다

봇물 터지듯

좋은 시는 어떻게 쓰는가로 시작해서
비유법 은유법 1인칭 2인칭 3인칭까지
메타포발상법을 일깨워주던 열정 담은 강의
묘사발상법과 성찰발상법 관찰발상법을 거치면서
생소한 단어들로 새내기들 머리가 아팠다
평소엔 줄줄이 쓸 것만 같았던 글들
막상 필을 들면
어지럽게 누웠던 글감들은 연기처럼 사라지고
머릿속은 온통 캄캄했다
숙제를 올리려고 컴퓨터를 열면
재미있던 얘깃거리도 슬며시 꼬리를 감춘다
있는 그대로 진솔하게 쓰라던 수필과는 달리
꼬집고 비틀고 뒤집는
반전의 글을 쓰라고 강행군
상상발상법 수강에는 별별스런 상상을 떠올렸다

때로는 막막했지만
엉터리 글일망정 순종하는 마음으로
주 1회 숙제만은 거르지 않고 꼬박꼬박 올렸다
갈급한 마음 치료해준 주치의가

한없이 고마운 종강 앞두고 시화전 개최로
스토리문학지 평생교육원 동인지
문학공원 동인지 작가수업 동인지 등
문우님들의 타는 갈증 풀어줄 봇물이 터졌다
오, 고맙고 가슴 벅찬 수료식

물 위를 걷는 철인

저벅저벅
꺽다리 철인이 호수 위를 걷고 있다
첫 번째 철인은 이미 육지에 올랐고
둘째 철인도 곧 호수 언저리에 닿아가는데
뒤따르는 셋째는 아직 깊은 물속에 잠겨있다
삼팔선도 아니요 비무장지대도 아닌데
그들은 무엇을 찾아 이 호수엘 왔을까
춤추는 은빛 억새로 장관을 이룬 명산 입구
야채를 비롯해 갖은 약초로 풍성한 만물상이
넘쳐나는 인파로 비좁은 등산로를 메운 곳
오리 배 한가로이 노니는 잔잔한 호수 위로
물보라 일으키며 가로지르는 스릴만점 제트스키
호수 건너 오색 단풍 아래 자리 잡은 김일성 별장
그것 말고는 나무랄 데 없는
가족나들이 명소인
산정호수에 나타난 괴물 철인*의 정체는…

* 산정호수에 서있는 조형물

불변의 쌍둥이

긴 긴 세월
까만 침목 베게 삼아
나란히 누운 쌍둥이
살을 에는 동지섣달 칼바람이랑
산하를 덮었다는 몇 십 년만의 폭설이랑
주변 쓸고 가는 거센 장맛비에 짓밟혀도
꿈짝 않고 제자리 지켜온 의좋은 형제
알몸에 겁 없이 받아들인 불볕더위로
신열이 극에 달하면 불덩이되어
가끔은 호된 몸살을 앓기도 하지만
죽음도 불사한 자리지킴이
때로는 폭우로 무너져 내린 흙더미에 깔려
금방이라도 숨넘어갈 처지라도
덜덜덜 지축 흔들며 들이댄 굴삭기로 다진 터전에
나란히 누워 까맣게 그을린 남정네
굵은 땀방울 섞어 버무린
멀쩡한 자갈 침대에 올라
해묵은 침목 베고 나란히 누운 동반자

비 개인 뒤

타는 갈증에 고개 꺾인 들풀
촉촉이 내린 단비로 세수하고
비 개인 하늘가 따스한 햇살 보며
초롱초롱한 모습으로 해맑게 웃는다
단비 기다리던 해묵은 씨앗들
짓누른 땅 열고 힘차게 쏘옥 쏙
연녹색 고운자태 뽐내며 잘도 자란다
싱그러운 풀밭 위로 잠자리 날고
풀벌레 울음소리 따라 고개 돌릴 때
작은 수컷 등에 업은 튼실한 방아깨비
몇 미터를 날아 움푹 파인 풀섶으로 숨어들다
장맛비로 들어난 사나운 풀뿌리에
발목 잡힌 방아깨비 처녀
넘어진 김에 쉬어가려 함인가
싱그러운 풀향기 나누고 싶어서일까
두둥실 떠가는 조각구름에 그리움 걸쳐놓고
삶에 짓눌린 가슴 열어 심호흡한다

은수저

하루도 거르지 않고 지극 정성
주인을 위해 공양해오던 터
각종모임과 외식으로 점점 멀리하는가 싶더니
휑한 공간에 가두고 푸대접이다
요즘 들어선 야유회 체육대회 단풍놀이로
겹친 행사 때문에 아예 코빼기도 볼 수 없다
오랜 세월 정든 놋수저 제쳐두고
값비싼 나를 택해 애지중지 할 땐
보드라운 면 옷으로 끼니마다 반짝반짝
빛이 나도록 잘 닦아주고 어루만지더니
점점 소홀한 대접으로 서글프게 한다
때로는 싱크대 속 캄캄한 구석자리
수저통에 아무렇게나 쑤셔 넣곤
어쩌다 손님이 올 때서야 끄집어내
광택한번 내주는 게 고작이고 보면
처음 시집 와서 극진한 대접받던
그 첫날의 만남이 그리워진다

스토커

홍대 역에서 후배와 만나
쌀쌀한 바람으로 시린 목 움츠리며
그의 시화전이 걸려있는 남춘천엘 갔다
찰칵찰칵 전시액자를 카메라에 담고 돌아오던
상봉역 행 지하철 안 경로석 후배에게
뒤늦게 올라탄 주정꾼이 시비를 건다
쓰레기 같은 것들이 경로석에 앉았다며
발길로 걷어차면 모두 일어날 것이라고 되뇌이더니
후배 앞으로 바싹 다가서 거침없이 욕을 뱉는다
금방이라도 걷어차일 것만 같아 조마조마한 마음으로
환자이니 함부로 하지 말라 당부하자 죄송하단다
그러나 상봉역에서 화장실로 에스컬레이터로 뒤를 졸졸
끝까지 따라 붙으며 시비를 걸어오니 곤혹스럽다
청경도 없고 숨을 곳도 피할 곳도 없는 대합실
달달 떨며 내게 매달리는 겁 많은 후배가 안쓰럽다
역무실로 숨어들자 술 취한 그가 우리를 뒤쫓아 들었다
직원이 지구대 전화번호를 적어주며 신고를 하란다
45분 만에야 도착한 두 경찰은 대책을 세우기는커녕
떨고 있는 후배에게 무조건 전철을 타고 가란다
보호요청을 받고도 아무렇지도 않은 듯 여유를 부리는

저들이 과연 민중의 지팡이일까를 한탄하면서 우리는
무서운 스토커 눈길을 피해 거꾸로행 전철에 올랐다

석창원에서

철사 줄로 꽁꽁 묶인 절제된 삶 속에
자유를 갈구하며 몸부림치는 분재들
동병상련의 마음을 도랑물에 띄운다
천정을 꿰뚫을 듯이 치솟은 동백나무
못다 피운 꽃망울 햇볕 찾아 고개 돌리며
빨갛게 피멍든 육신 드레스 뒤집어 쓴 채
흙바닥에 내려뛰다 납작 엎뎌 깜빡 졸던 설중매
여린 꽃가지 꺾어버렸다.
구전으로 내려오는 숱한 전설
보물인양 끓어 안고 침묵하는 금강산이
듬직한 바위부대 보초 세우고
온실 구석에 작은 둥지를 틀었다.
역사 지킴이 손끝 따라 계곡과 산자락 넘나들며
눈길로만 훑어보는 일만 이천 봉 우리의 얼

열흘 전에 끝나버린 매화 꽃 잔치
아쉬움을 산당화로 위로 삼을 때
애기 철쭉만 꽃단장에 방실거린다

청매화를 찾아서

매화가 만발한 섬진강변
대나무가 우거져 숲을 이룬 둔덕
비탈밭을 독점한 무성한 녹차밭 지나
섬진강 가까이 자리 잡은 화개장터
새롭게 개통한 섬진교를 건너
꽃이 덮인 매실농원을 탐닉한다
엉금엉금 기어가는 네 발 달린 짐승들
백두에서 한라까지
명산을 찾는 산악인 동아리
유유히 흐르는 옥빛물결 너머로
재첩에 침 흘리던 곳
절름발이로 오르지 못할 등산길 접고
방실거리는 청매화 꽃그늘에서
까만 비닐봉지에 넘치도록
달래 캐기에 빠진 아낙
귀경 알리는 휘슬에도
발길 돌릴 수 없던 그 곳

한 바가지 마중물로

3월초 성큼 발 들여놓은 시창작반
시와 수필 소설 등 각기 다른 장르를
자유자재로 구사하며 넘나드는 실력가의
열강에 고개가 끄덕여지던 시강 둘쨋날
귀가 열려 쏙쏙 들어오는 솔깃한 강의
처음 글 올리기까지 두근거림으로 망설이던 난
매 맞는 심정으로 글 한 편 숙제 방에 올렸다
복사한 과제물 챙겨들고 달려간 평생교육원
1교시엔 창작기법 2교시엔 자작글 낭송이다
세 번째로 차례가 돌아온 난 불 앞에 선 듯
화끈화끈 읽기도 전에 얼굴이 화끈 닳아오른다
댓글조차 달기 부끄러워서 얼핏
카페를 빠져나간다는 날 닮은 애송이 문우에게
지하수를 끌어올리기까지 마중물이 필요하듯
미약하나마 기꺼이 그 역할을 해주고 싶었다
쑥스럽고 어설퍼하는 그에게 용기를 주고파
그를 부추기며 어정쩡한 지난날 되돌아본다
옥죄는 틀 벗고 진정한 글쟁이로 살아보자고
이 좋은 세상 시인으로 보람차게 살아가자고…

한 바가지 마중물로 빗장이 열렸다
그에게서 숱한 보물들이 펑펑 쏟아져나온다

하얀 피

들로 산으로 헤매던 중에
잔디밭 헤집고 웃자란 씀바귀
성급하게 꼬챙이 들이밀다 몸통을 찍었다
상처 입은 그가
앙갚음이라도 하려는지
얼룩남방에 하얀 피를 뿌린다
분노의 핏방울이
점점 지저분한 색으로 변해간다
세상 구경 나왔다가
졸지에 변을 당한 생명
짓밟은 이방인에게 빌붙어
끈끈한 진액으로 손가락 맞붙여 놓곤
청바지엔 얼룩으로 지도를 그려놓았다
쓴 나물 맛 취하려던 멍청한 얼간이
얼룩으로 손쉽게 옷 한 벌 망쳤으니
생명 짓밟은 대가를 톡톡히 치른 셈이다

산고

봄부터 끙끙 어쭙잖은 임신으로
구토와 잦은 몸살 앓던 사랑이가
어미보다 먼저 우량아를 출산했단다
남들은 야무진 녀석을 쑥쑥 잘도 낳는데
어쩌다 잉태를 한다 해도 비실비실이다
그 또한 변변치 못한 어미의 새끼인지라
부실한 녀석으로 태어난 영양실조 미숙아다
한없이 빈약할 뿐인 애물단지라서
그로 인한 가슴앓이로 머리를 쥐어짠다
그러나 나를 오래오래 이어가자면
이만한 산고쯤이야 감사한 마음으로
감당해야 하지 않을까

착각

서해 최북단 백령도 바닷가 장촌
꼬무락거리는 손톱만한 게
몰려온 육지손님 눈길 피해서
안테나 고추 세우고 옆 걸음으로 총총
사납게 날선 갯바위 틈에 숨어드느라 바쁘다

지렛대로 들친 바위 밑에서
달아나는 녀석들 바삐 낚아채는데
와… 돌낙지다
외마디에 일행들 놀라 바라보니
손바닥만한 날개를 편 채 바위에 찰싹 붙어있다

신이 나서 얼떨결에 움켜잡고도 화들짝 놀란 대장
어느새 한 다리 뜯어 물고 어기적어기적 씹고 있다

게 넣은 통에 함께 담아 돌아와 꺼내니
낙지 다리 두 개가 보이지 않는다
어머, 이를 어째요 게가 다리를 두 개나 뜯어 먹었어요
능청스런 대장의 말에 순진한 일행은

어머 어머, 빠르기도 하네요
게들이 여럿이라 금방 뜯어먹었나 봐요
조금 더 있었더라면 하나도 안남기고 다 먹을 뻔 했네요

돌게를 잡다

소인국 꼬마병정 더위 식히려 막사에 들어갔다가
경보도 없는 기습적인 공격을 받았다
죽은 듯 숨죽이고 납작 엎드려 있었지만
멀리 바다 건너 폭군들의 도발적인 횡포 앞에
안일한 휴식으로 대책 없이 당하고 말았다

아직은 넓은 세상 구경하기도 전
수륙작전을 기다리는 신참내기로 좁은 막사 밑바닥 신세이건만
무지막지한 그들의 손에 마구잡이로 붙들려
상사들 틈에 휩쓸려 캄캄한 원형 통 속에 팽개쳐질 때
공포로 떨며 힘껏 물고 늘어져 보았지만 역부족이었다

힘없는 졸병들이야 맥없이 무너졌다지만
소장도 대장도 찍소리 없이 잡혀 가는걸 보니
믿을 이 없는 세상살이 모두가 허사로다
육중한 막사를 거침없이 들어올리는
거인들의 지렛대는 탱크보다 더 무서웠고
그들의 함성에 놀라 사방으로 흩어져 죽을 둥 살 둥
게걸음으로 남의 막사에 숨어들려했지만 등짝을 붙잡혔다

기절했다 온기로 눈을 떠보면 결국 거인들 손바닥 안
차라리 압사로 최후를 마감한 동료가 바다의 전사다웠을 것을

벌금을 문다한들

네 살짜리 어린아이가
혼자 고집하던 천연염색 체험
잔디밭을 뛸 때는 쫓아다니기 힘들었고
연날리기를 조를 땐 다리아파 응해주지 못했으나
조그만 체구로 무조건 밀어대던 모습이 눈에 밟힌다
평소에 자주 만났던 노트북 메인 창에
물레방아 몰아내고 새로 내건 외손자 사진
볼 때마다 입을 헤벌린 바보 할매
요즘 어느 계모임에선
손자 자랑하면 벌금도 물린다던데
팔불출이면 어떻고 칠푼이면 어떠랴
노트북만 열면 활짝 웃으며 반겨주는 손자가 예쁜 걸
요 몇 주 동안 키도 많이 컸고 못하는 말이 없다는
딸내미의 장황한 설명이 아닐지라도 몰라보게 자랐을 터

글공부 한답시고 바쁘다는 구실로
사진으로 보고픔 달래는 못난 할매
시화전 끝나고 평생교육 수료식 끝나는 대로
똘똘이 외손자 보러
수원으로 달려갈 참인 걸

3부

강가에 누워

강가에 누워

강풍 일던 날
힘에 겨워 둑길 베고
비스듬히 강가에 누웠다
꺾인 채로 생명줄 끊어내지 못해
하체는 뿌리에 두고 상체는 강가
얼음 속에 묻어둔 채 생사를 넘나든다
스스로 오갈 수 없는 무기력만 한탄하며
설한풍 속 가파른 언덕에 힘겹게 기대어
동장군 몰아낼 입김을 기다리는 하루해가 저문다
거꾸로 보는 세상이 더욱 아름답듯이 누워서 보는
하얀 얼음벌판도 각도를 달리함에 절경으로 보인다
언제쯤이면 휜 허리 곧게 펴고 바로 보는 세상이 올까,

겁쟁이

짙은 안개로 전방은 아직 희미한데
이슬 털며 습관처럼 선산엘 오른다
습지계곡에 가득했던 구름이
뭉치고 풀리기를 거듭하는 싸늘한 새벽길
풀잎에 맺힌 작은 물방울들이 무릎까지 촉촉이 적신다
웃자란 풀밭 넘어 갈참나무 숲속에서 뚝뚝,
심심찮게 들려오는 나뭇가지 부러지는 소리에 놀라
돌아다 본 그곳엔 꽤나 튼실한 송아지 한 마리
아니 요즘 들어 숫자가 급격히 늘어간다는 그는
노루를 꼭 닮긴 했지만 뿔이 없는 건 분명 고라니다
가시덤불에 앞발을 척 걸치고 칡 순을 뜯어먹다
인기척에 놀란 덩치만 큰 고라니 녀석이
끌어당긴 넝쿨을 갑자기 놓으면서 털썩
높이 걸친 두 다리를 땅으로 내리 딛는 소리다
놀란 가슴 진정 시켜볼까 흥얼거리는 콧노래에
귀를 쫑긋 세우곤 성큼성큼 숲속으로 숨어든다
나물 찾아 오르던 산길에서 어쩌다 마주치면
껑충껑충 송아지처럼 날렵하게 내뛰던 녀석
놀라 가슴 뛰게 하는 얄미운 겁쟁이

고추잠자리

밤이슬에 젖은 빨간 드레스
나락 익어가는 가을 햇살에 말려볼까
조심스레 바지랑대에 걸터앉아
동그란 눈망울 굴리며
상하 좌우 두루 살피던 그녀
고운 자태 가다듬기도 전에 방긋
뒷산에 오른 햇살이 눈부신 듯 서둘러
높은 두엄더미 돌아 앵두나무에 오르다
빨간 드레스 제대로 펼쳐보지도 못한 채
마당 언저리 처마 밑에 왕서방이 쳐놓은
음흉한 올가미에 걸려 포박중이다

꽃등

동절기 몰아낸 이른 봄
새 싹의 용트림에 쫓기는 동장군
강추위에 떨던 나목엔
물오르는 소리 여전한데
버들강아지 보송보송한 솜털
보드라운 손짓으로
살랑거리며 반겨 부를 때
울에 기댄 개나리
실눈 뜨고 기지개 켠다
난초 잎 싱그러운 뒤울안
앵두나무 가지 끝에 조랑조랑
별처럼 촘촘한
작은 꽃등

난기류

그녀는 허들 선수다
지면을 힘껏 박차고 오르면
둥근 창을 밝히던 눈부신 빛이
몰려온 떼구름에 쫓기며
몸통이 좌우로 흔들린다

그녀는 무사다
천의 얼굴 성난 먹구름
궁 구궁, 쿵쾅대면
날 세운 불칼로
지구를 난도질한다

그녀는 여행가다
동체는 요동치고
벼락의 굉음이 고막 찢을 때,
공포의 느낀 그녀
환상의 사이판으로 날아간다

물레방아

지독한 한파로 공격당한
황량한 양수리 벌판
끊임없이 세월 돌리던
그가 멈춰선 작은 연못에
우렁이 껍질들로 두꺼운 울타리를 쳤다
얼음이 녹지 않은 얕은 물가엔
강추위로 떼죽음 당한 큼직한 붕어들이
하얀 시체로 물위를 둥둥거린다
서둘러 겨울잠 깬 개구리 한 마리
동장군에게 항복하듯
앞발 치켜들고 하얀 배 내민 채
헤엄치던 모습 그대로
꽁꽁 얼어붙어 볼상사납다
빤히 바라다보면서 떼죽음 막지 못한
죄책감으로 멈춰선 육중한 그 사내
기력 잃은 채 내리깐 눈만 깜빡거린다
한파 물러간 따뜻한 뒷날
다시 품어주마 다짐하며
둔탁한 다리로
힘겨운 봄언덕을 오르고 있다

반갑잖은 그이

꽃샘추위라는 이름으로 포장하고
햇살 찾아 기어 나온 우렁이를
동태처럼 꽁꽁 얼려 연못에 수장하고
봉오리 방긋 터진 노란 산수유꽃도
말간 유리방에 가두어버리는 심술보로
송사리 붕어 거침없이 생매장하고
예고없이 불쑥불쑥 찾아드는 불청객

창문이 부서지라고 흔들어대는 건
거칠기 짝이 없는 그이가 왔다는 얘기
해마다 동장군이 물러갈 이맘때쯤이면
언 땅 비집고 어렵사리 내민 어린 생명
무참히 짓밟고 유리감옥에 가두는 악질
어김없이 찾아와 소란 피우는 망나니로
깊은 밤 선잠 깨우고도 아무 일 없었던 듯
시침이 뚝 떼는 이름만 예쁜 얄미운 그이

발레리나

높은 담장 위에서
유연하게 춤을 추는 발레리나
고개가 꺾어질 듯 올려보지 않으면
만날 수 없는 생소한 모습의 까치발로
빛을 따라 형형색색 열을 발산하며 펼친다
밤에도 낮에도 끊임없이 같은 공연을 반복하지만
관객이라야 종종 오가며 훑고 가는 기러기 떼와
가까스로 나뭇가지에 날아오르는 아기 참새 말고는
깍깍 가족을 불러 모으던 까치부부가 전부다
아침햇살에 반짝 열리는 무거운 커튼
아슬아슬한 담장 위 주인공들의 무희
고정출연을 적으로만 여기는 밤손님만은
관객이길 거부하는 해맑은 발레리나
이유를 달거나 나무라는 이 없는 그곳에서
아침이면 찬이슬로 목축이고
긴긴날 따가운 햇살 한 줌으로 허기달래며
오늘도 변함없이 발레연습 중이다

산당화

사군자 동아리 현장학습
구차한 이유로 차일피일 미루다가
한정된 매화꽃잔치 놓쳐버렸다
쫙 깔린 빨래판 하나 둘 세며
땅만 보고 걸어가던 도랑가
갈색 토분 빨간 산당화양이
납작 엎드린 채 발목 잡는다
온실 스쳐가는 햇살 한 줌 훔쳐
꽃망울에 불붙인 게으른 동백 꽃
봄 마중 문밖 나들이 떠나자 해도
꽃샘추위 앙칼진 바람에 날려간다며
못다 핀 꽃망울로 발길 묶는다

왕매미

왕 왕!
숨 막힐 것 같은 복 더위
찜통 속 열대야로 잠 못 이루는 밤
온난화 이상 기후로
또 가로등 불빛으로
낮인지 밤인지 구분이 안 가는지
찜통더위 한낮에는 가로수 그늘에서
깊은 밤엔 가로등 가까이서
지극히 짧은 삶을 원망이라도 하듯
그칠 줄 모르고 울어대는 소리, 소리들
짝을 부른다는 독창이 끝나는가 싶지만
어느새 둘이서 주고받는 하모니로…

쑥대밭

하늘에 구멍이라도 난 듯
폭염으로 몸살 앓던 지구가
장대비로 대청소하는 날
등산객 발목 걸어 팽개치고
귀한 적송 뿌리째 뽑아재끼고
집채만한 바위도 사납게 굴리며
지구를 몽땅 쓸어갈 기세로
질풍노도처럼 계곡을 내닫는다
성난 마귀처럼 집채를 삼키고
거침없이 내달리며 전답을 뭉개고
깎아내린 산자락으론 마을을 덮었다
구석구석 훑어낸 숱한 오물들
수영하는 흙탕물은 강을 이루고
사납게 요동치며 바다로 흘러든다
송어 메기 떼 둥둥 바다로 가고
일그러진 군상 사납게 휩쓸린

수마에 할퀸 가슴은 쑥대밭이다

영어囹圄살이

-팔만대장경

천년의 꿈을 켜켜이 접어
100년 동안거에 드시려하네
그나마 정해진 기간 동안의 허락된 만남은
층층이 쌓인 짓눌림으로 다가오네
한곳에 고정된 눈길조차 돌릴 수 없는데
어느 날 오가던 발길 뚝 끊어지고 나면
뭍사람들의 세상살이 어찌 들을까
궁금한 사연들이 몸부림치네
촘촘한 틈으로 들여다보는 눈길과
수많은 발길, 오가는 소음들로 몸살을 앓네
그러나 그들에겐 나라를 지키고
백성을 구해야 한다는 꿈이 있었네
지금 그들은 감옥에 갇힌 몸
왜 유리방에 넣어 모든 이가 볼 수 없을까
긴 세월 속 그들이 토해낸 한풀이를
새소리로 헹구고 맑은 아침을 맞네

조약돌

종콩 방콩 강낭콩
완두콩 작두콩 서리태
갖가지 콩들이 숱하게 깔린 백령도 해안
길쭉한 언덕에 푸짐하게 펼쳐놓고
간장 물엿 갖은양념 제쳐둔 채
짭짜름한 바닷물로 맛깔스럽게 졸였다
자자손손 내리내리 넉넉히 즐기라고
천 년 만 년 두고두고 나누며 즐기라고
번거로운 가스불 외면하고
햇볕으로 따끈따끈 적당히 졸였다
손톱만한 게들도 짠 맛에 푹 빠져
터를 잡은 해안마을은 콩졸임 공장
눈독을 들여보지만 반출은 금물이다

태풍, 그 이후

장대비로 쓸어내린 흙탕물이
샛강을 거쳐 한강으로 달려간다
지지난해 밤사이 불어난 물로
왕숙천이 큰 강을 이루며
천 변 주차장을 꿀꺽 삼키고
체육시설을 모두 덮으니 군데군데 설치된
운동기구와 생태학습장이 오간데 없다
샛강 중앙 전주에 걸친
온갖 쓰레기들이 물길 가르고
흙탕물 속에 잠긴 가로등은
불 꺼진 채 등갓만 동동
주차된 차량 수 십 여대를
하룻밤에 휩쓸고 간 공용주차장
그 악몽은 아직도 지워지지 않고 생생한데
기습적인 폭우로 또 수난을 겪어야 하는 곳
원형판 오수뚜껑이 온갖 잡동사니와 함께
스티로폼 밀치고 진흙탕 속으로 곤두박질이다
부랴부랴 지원 나온 농수산동 청경들
짐칸까지 물이 찬 화물차 고리 찾아
굵직한 동아줄 걸고 시동을 걸어보지만
바닥에 달라붙은 듯 요지부동이다

먹는다

아침을 뭉치고 풀리기를 반복하며
슬금슬금 엷은 구름을 뜯어먹던 그 남자
산천을 뜯어먹을 듯한 성난 바람소리에 놀라
제 몸을 뜯어먹는 그 남자
후두둑후두둑 굵은 소나기가 산들을 게걸스럽게 먹고 있다
사람들 국에 밥을 말아먹듯
황사를 멀겋게 타 마시는 그 남자
주꾸미축제 행렬은 덜커덩덜커덩 가속도를 먹어치우고
채석강으로 달리는 앞길은 방해꾼들을 먹어치운다
주꾸미는 모두의 불안을 먹어치워 희희낙락인데
손톱만한 게딱지들 환영인사차 시멘트벽을 갉아먹고 있다
멀리서 밀려오는 싸늘한 바닷바람 가슴을 먹으려 들고
거친 숨 몰아쉬며 일그러진 얼굴은 철썩철썩 파도를 먹는다
잔잔한 해변을 사납게 치고 빠지던 거친 그 사내
거대한 심장 벌름거리며 숨긴 속성 드러내
허기진 듯 야금야금 갯바위를 갉아먹는다
수많은 세월을 잡아먹고도 그 욕심 접지 못한 그가
거대한 수마 되어 어부를 삼키고 마을을 삼키고도 모자라
원전까지 삼키려한다

풀밭에서

정자 밑 드넓은 푸른 광장
뾰족뾰족 곧추 선 송곳 잔디
6.25때 사용했던 총 본 떠
서툰 솜씨로 대충 나무를 깎아 만든 가짜 총 둘러메고
꼬맹이들 줄 세워 병정놀이로 우쭐대던
골목대장 쩌렁쩌렁 활개 치던 동네놀이터
오뉴월 보릿고개
찌든 가난에 허리띠 졸라맬지라도
목청 높여 외쳐대는 씩씩한 아이들
전쟁놀이용 가짜총소리에 놀라
가쁜 숨 몰아쉬는 방아깨비 아줌마
연약한 수컷 업고 줄행랑이다

보금자리 찾아 잔디밭 속에 숨어들다
풀잎에 맺힌 이슬로 목축이던 그녀
놀란 가슴 쓸어내리며
촉촉한 풀밭 위를 어슬렁거린다

어린 까치

어제도 그제도
하나 밖에 없다는 지구상에
쏟아붓는 엄청난 물을
주체할 수가 없다
반가움 전해준다는
까치 한 마리
물벼락에 오들오들
소나무 밑에 웅크리고 앉았다
교수님이 띄웠다던 그 편지 물고
이 마을 저 마을 찾아 헤매다
어둠이 깔린 이 저녁에
추적추적한 풀밭에 내린 건 아닐까?

돋보기로 골라낸 속 빈 잡곡
종이컵에 담아 조심스럽게 다가가지만
날지도 못하는 어린 녀석
겁먹은 듯 뒷걸음질 치는 건
아직
내 마음이 그에게 닿지 않았다는 것?

하우스 풍경

불볕더위로 대지를 태우던 날
비닐하우스 천정 타고 오르던 호박넝쿨
곁가지 움켜잡고 근근이 자라던 장미나무
시위하듯 울 너머로 팔 내 뻗은 떼거리들
따끈한 열기로 온 몸이 빨갛게 불탄다
얼기설기 굵은 철기둥 엮어 맨
비닐끈 휘감고 천정으로 기어오르며
튼실하게 자라던 팔뚝만한 수세미가
거꾸로 매달려 대롱대롱 그네를 타고
맷돌만한 호박덩이 똬리 깔고 뭉갤 때쯤
구령에 발맞추어 온실로 몰려든 병아리떼
장수하늘소 애벌레 만지다 놀라 숨넘어간다
길쭉한 수세미 잡고 쫑알쫑알 풍년가 읊조리던
어린 참새 비닐막 들이받고 혼비백산
곤두박질로 바닥을 구르더니 어찌어찌 정신 차려
서툰 날갯짓으로 겨우겨우 호박넝쿨에 오른다

해거름 낮달

어정쩡한 저녁노을
해무리와 어우러져 서산 넘을 때
예봉산 위로 떠오른 성급한 낮달
계절 탓에 냉랭함만 더해가던 그가
만삭의 몸으로 샛강을 넘으려다
행여
물에 풍덩 빠질까봐 가슴 조이며
높은 철책에 걸릴까봐 조심 또 조심
밤도 아닌 낮도 아닌 어설픈 저녁에
간간히 창공을 가르는 기러기 떼와
싸늘한 밤바람에 쓸쓸함 더해가던 초저녁
강바람에 서걱대는 낙엽소리 벗삼으며
해 그림자 따라 서산 넘으려던
어설픈 낮달

허수와 아비

바람 따라 설렁설렁
탈 춤추는 볏논 속 그 사내
언제나 홀로인 덥수룩한 외톨이
밤이슬에 젖어버린 누더기 옷 말리려다
훠이훠이 쫓아버린 조무래기 참새떼
찜통 속 복더위 거센 비바람에 찢긴
밀짚모자 오간데 없네
풍년을 기약하며 몸 곧추세우던 그 사내
까맣게 그을린 반쪽 얼굴에

팔대기 찢기고 엉덩이 들어낸
볼품없는 사내로 내리막 길 달릴 때
풍년가 장단 맞춰 익어가는 가을 들녘
망가진 꼴 허수선생 아비탈춤 흉내 내고
잠자리 졸다간 삐딱한 어깨 위엔
가을걷이 분주했던 참새가 앉아 쉬네

텅 빈 들판에서 비바람 맞으며
초췌한 모습으로 외로운 허수
오늘도 건들건들 탈춤을 춘다

4부

잠든 뻐꾸기

항아리

그러다 좋은 사람 만나
헤벌린 입 다물지 못한 채
새사람을 선뜻 받아들였다
심한 입덧에
가리지 않고 받아먹어
남산만하게 배만 불렸다

시집 못 갈 줄 알았던 나를 보고
싱글벙글하시는 우리 아버지
밤새 꼰 새끼줄 틈새 비집고
청솔가지 빨간 고추 까만 숯덩이
순서대로 야무지게 끼우고서
대문 밖 문설주에 금줄로 내거셨다

부글거리는 삼복더위 배앓이에도
안으로 안으로 삭이며
지극 정성 정화수 떠놓고
밤낮없이 불공 중이다

먹이사슬

두 손 싹싹 비비던 똥파리
두엄 가 맴돌던 잠자리에게 먹히고
거미줄에 걸려 파닥거리는 잠자리 날갯짓에
메뚜기 입에 문 채 어슬렁거리던 능숙한 변장술사
툭 불거진 쌍안경에 걸려든 먹잇감에 자만하며
곧추세운 머리에선 시건방이 뚝뚝
거드름도 잠시 거미에게 잡혀버린 사마귀 총각
게걸스럽게 먹고 먹히며 약자도 강자도 끝내
형장의 이슬로 사라져버리는 포식자들
결국 똥파리 먹이가 되고 마는 그들의 신세

땜빵

봄가을 간 곳 없고
삼한사온 탕아로 떠돌던 날
밤낮없이 육중한 굴렁쇠가 밟고
넘나들던 도시의 관문 구리사거리가 파재껴지던 날
세균 득실대는 황사비 날려보내는 사막의 횡포
죽음의 산성비 토해내는
바다 건너 쓰나미의 재앙
스스로 피할 길 없이 내 것인 양
품어오던 그런 삶 속에
양팔 벌려 길게 누운 신작로
그의 용트림 한 방으로 발칵 뒤집힌 거리
드릴로 뚫고 전기톱으로 자르고
꽁꽁 언 몸은 산소불로 담금질
예산 삭감당할까 봐 전전긍긍인 졸속 행정
동지섣달인 연말에 벼락치기 공사
말발 센 사람들의 주거구역들
아직은 성성한 보도 불럭 바꿔치고
멀쩡한 도로 굴삭기 들이댄 난도질에
우리네 세비 부담만 가중시킨다

광고판

눈에 잘 띄는 네거리
주홍글씨를 수도 없이 붙인 그가
끙끙 몸살을 앓는다
큼직한 글씨의 현수막들이
그에게 꽁꽁 묶여 벗어나려는
새장의 새처럼 퍼덕인다
영화 공연 행사 구직 구인 국제결혼
온통 파스를 덕지덕지 붙인 패잔병 같다
어설프게 늘어진 비닐 끈들이
공해에 그을리고 까맣게 찌든 채
거미줄 늘어지듯 주렁주렁
오가는 행인 눈살 거슬리며
초췌한 모습으로 그네를 탄다

그나마 환경미화원 소방공무원들에게 주는
표창장에 위안을 삼는다

잠든 빼꾸기

하루에 두 번 어김없이 만나는 그녀
분침아 초침아 바삐 돌라 채찍해도
지구본만 끌어안고 선채로 세계일주
주룩주룩 장대비 벼락장단칠 때면
몰려든 관광팀 왁자지껄 웅성웅성
세상살이 통달한 듯 언성 높인 바닥경제
시정 국정 들먹이며 난장판 술좌석
중심을 잃은 듯 기울어진 잔 앞에 헛소리만 술술
소주잔 넣은 맥주 컵 종이 씌워 휘익
마술 부리 듯 초고속으로 천정에 쏘아 올리곤
부서져라 원탁을 치면서 성공이란 함성을 지른다
느닷없는 행동에 어리둥절한 이웃 씁쓸히 웃고
힐끔힐끔 잠든 빼꾸기 올려다보던 또 다른 술꾼
옥신각신 잘난 척 영양가 없는 논쟁을 벌이다가
잔뜩 취한 상태로 거침없이 내뱉는 말
고달픈 인생길엔 쓰디쓴 소주가 약이랑께

도고저수지

볼품없이 큰 大자로 누운 그 사내
어른 아이도 몰라보는 버릇없는 애늙은이
자기 발끝도 내려다 볼 수 없는 얼간이로
일평생 누워있기만 즐기는 게으름뱅이 사내
아랫마을 봄처녀 설레는 가슴안고
버선발로 실개천 건너 마을둔덕 오른다 해도
누운 채 잔잔한 일렁임만 표출할 뿐
담담한 얼굴로 침묵만 고집하지요
버들가지 꺾어 호띠기 만들어준대도 도리도리
가까운 서해바다 낙지잡이 가자해도 머리만 절레절레
도고 지킴이가 제격이라며 고집을 부려요
거센 비바람에 돌팔매 가슴에 품어 안고
언제나 그 자리에 대자로 누워 숨고르기하며
그렇게 살겠노라고 고집을 부리네요
몸집이 불어났다 쪽 빠졌다 하는 변장술 말고는
딱히 별다른 재주도 없는 모양인 그 사내
그래도 자리지킴이를 고집하는 걸 보면 아마도
그 총각 도고사랑에 발목을 잡혔나 봅니다

세미원

능수버들 아래 질항아리 옹기종기
융단길 연밭 위로 그늘 드리울 때
세미원 식물농장 견학온 병아리들
풍경화 그린다며 재잘재잘 쫑알쫑알
녹슨 머리 쥐어짜며 글 쓰는 패거리들
두물머리 움켜잡고 실랑이할 때
수줍게 살며시 고개 내민 수련아씨
연잎 사이로 들어온 햇볕 한 줌 훔친다
천하대장군 지하여장군 굽어보는 곳엔
물의 신 청룡이 세찬 물줄기 뿜어올리면
불의 신 홍룡이 큼직한 물대포 쏴올리고
멈췄던 물레방아 덩달아 세월을 돌린다

무례한 난동

갈망하던 대지 해갈 넘어
한 달 내내 눈물 쏟아내는 건
하늘에 송송 구멍이 뚫린 때문일까
'덴무'의 무례한 난동에
'곤파스'가 한바탕 쓸고 간 지구를
'말로'란 녀석이 구석구석 훑고 간다
수마가 할퀴고 간 들판엔
설익은 과일마저 낙과되어
과수원 바닥에 봉지 째 나뒹굴고
깊은 시름 한숨 속에 몸부림친다
얼굴 없는 수마의 횡포는
수백 년 생나무도 송두리째 뽑아내
이제껏 자라온 숲에 거꾸로 처박고
웃자란 고춧대 탄저병으로 목 조인다

가혹한 형벌

구멍가게 좌판대 아래 버둥대는 비둘기 한 마리
햇빛에 반짝거리는 쥐 잡이용 끈끈이에 발목이 잡혀
날개 활짝 편 채 끌려가듯 파닥거린다
조심스레 다가가 떼어주려 했지만
놀란 날갯짓에 점점 달라붙기만 하는 발가락
힐끔 그 광경을 내다보던 가게주인 왈
진열대의 과자를 수시로 쪼아 먹은 죗값으로
끈끈이를 깔아놓은 것이니 모른 체 하란다
오랜 세월 평화의 메신저로 아낌 받던 그들이
각종 병균을 옮긴다는 이유로 홀대받는 요즘
제대로 날지 못하는 기형 비둘기들이 많다
동구릉 앞 공원에도 발가락 잘린 녀석들이
굶주린 듯 정신없이 풀밭을 헤집곤 하지만
과자봉지 뜯은 죗값치곤 너무 가혹하지 않을까

새끼 갈매기

번쩍번쩍 우르릉 쿵쾅
주꾸미축제 찾아 채석강으로 가는 날
높은 파도가 내다보이는 변산반도 둘레길
비를 동반한 세찬 바람이 관광길 차창을 두드린다
불과 몇 미터 앞에 있는 식당으로 가기까지
콩알만한 우박이 볼을 때리고 모자는 날아가고
겨우 찾아든 식당은 우리 보고 방구들 데워달라 하고
손톱만한 새끼 게들 담벼락 타고 식당 안으로 기어들고
창문 넘어 방어선에 처박힌 깃털 없는 새끼 갈매기
거센 파도에 빨간 살덩이 드러내고 공포로 떤다
먹이사냥 떠난 어미 찾아 헤매다가 밀어닥친 파도에
물벼락 맞으며 점점 날카로운 바위 틈새로 끼어드는
어린 것 구해줄 수 없는 안타까움으로 가슴이 아리다
먹구름 걷어가 달라고 애원이라도 해볼까
사납게 때리는 비바람아 그만 멈추어주렴
위험 딛고 일어난 그 어린 생명 깃털자라고
여름내 갈고 닦은 날렵한 몸매로 어미처럼
변산반도 창공에 높이 올라 포물선 그리며
멋지게 날아볼 그날이 오도록

꼬마 명의

병원 문을 나선 토요일 저녁
먼저 횡단보도 건넌 외손자, 왼손 치켜들고
앙증스런 고사리 손 까딱까딱
뒤처진 할미 돌아보며 빨리 오란다
식당에 들어서자 할미 옆 자리를 잡는다
밥 한 술 입에 문 채 근심스런 표정을 짓는다
할미 무릎 감싼 보호대 더듬으며
할머니 많이 아파?
얼마나 아픈지 은수 보여줘
상처를 보여달라는 33개월 꼬마의 말에
밥을 다 먹으면 보여준다고 답하는 딸내미…

밥을 다 먹었다고 보여 달라는 아가 땜에
어쩔 수 없이 약속대로 무릎보호대를 푼다
조심스레 상처를 감싸 안은 아가
호… 호, 두 번 불고는 할미를 덥석 끌어안고는
볼 비벼대며 하는 말, 할머니…
은수가 두 번 호… 호 했으니까 인제 안 아파
아가의 따뜻한 위로에 가슴 뿌듯한 할미다

아스콘길

눈발이 날린다
엄청난 무게에 짓눌려 몸살을 한다
이륜 사륜 타이어들이 연이어 밟고 간다
버스가 밟은 뒤 덤프트럭이 짓이기고 가면
육중한 레미콘이 몸통을 찢으며 뭉개고 간다
그래도 주어진 일이라 참아내지만
죽가래로 밀다가 감당이 안 되면
지독한 염화칼슘을 마구잡이로 뿌려댄다
찢어진 몸통 속으로 빗물 염화칼슘 스며들면
그는 숨이 차서 죽을 듯 헐떡거린다
발버둥을 친다한들 손발 없는 몸통뿐인 그에겐
수없이 반복되는 그 고통을 이겨낼 대안이 없다
끝내 그들이 토해낸 배설물은 지하로 흘러들고
어쩔 수 없이 받아들인 배설물로 토양은 죽어가고

자연을 거부하며 자멸의 지름길로 향한 우린
현실을 깨닫지 못한 채 지구를 멸살시키는
물질문명 속에서 생명을 갉아 먹히며
마의 늪에 빠져 서서히 시들어가겠지

나물 삼매경

챙 넓은 모자에 무릎까지 치받는 장화
산모기 감당 못해 긴소매 옷 포개 입은 아낙
객지 벗과 함께한 산행에 힘든 줄 모른다
고사리 개금치 취나물 고깔나물 향에 취해
칡넝쿨에 미끄럼 타고 돌부리에 채이며
가시덤불 마다않고 넘나들던 이 구석 저 골짜기
금강산도 식후경이라
버너에 불붙이니 동행한 친구
구색 갖추었다며 킥킥댄다
누룽지 곁들인 라면 맛은 천하일품
좋은 친구랑 나물 많이 뜯고
배부르니 나물 삼매로다
나물망태 베고 누워 올려다 본 하늘가
날렵한 새 한 마리
부러운 듯 곁눈질로 훑고 지난다

곰 가족

장대비 뚫고 금강산에 도착했다
앞산 지키던 외양간 만 한 바위 왈
나 정도는 돼야 바위라고 할 수 있지 라며
온정 각 넘어 쌍둥이 바위에게 말을 건넨다
나도 좀 봐줘
문화회관을 내려다보던 석(石)선생 왈
내 옆에 줄선 새끼들도 멋있지만
머리 위쪽엔 참선 중인 신선이 계시다구
고개 들고 바라보니 정말 코끼리 떼 위에
합장하고 앉아계신 도사님이 보인다
돌아오는 길목 북방한계선 산자락엔
통일 꾼 따라 따뜻한 남쪽관광 떠나자고
머리 맞댄 곰 가족들이 회의 중이란다
아마 지금쯤은
의견을 하나로 모았을지도 몰라
아니, 곰 가족들이 지금쯤
떼로 몰려오고 있을지도 모르지

조문행렬

피멍 든 가슴앓이로
긴긴 세월 그리던 명산 찾아
인산인해 이룬 98년 9월 19일
아홉 마리 용이 승천이라도 한 날일까?
어렵사리 넘어온 삼팔선 언저리
장대비 내리쏟는 가파른 산길에
줄지어선 수백 명의 문상객들
삼베옷 챙겨 입은 남정네 앞서 걷고
보자기 뒤집어 쓴 숱한 아낙들
비에 젖어 묵묵히 그 뒤를 따르고
빨간 만장 파란 만장 장사진에
외줄 선 구룡폭포 행 심상치 않다

먹구름 덮인 금강산 자락
상주도 조문객도 허리 바싹 구부린 채
돌부리에 채이고 머리 조아리며
앞사람 뒤꿈치 밟으며 구룡폭포로 향한다
공사 중이란 구실로 상봉을 막던 곳
구룡폭포 입구엔 10년이 흐른 오늘도
낙석주의라는 엉성한 나무 팻말 하나 세우고

위험한 폭우라는 속 검은 감언이설로 막는 상봉
생명을 담보로 조건 삼던 상봉이란 두 글자
한 가닥 희망마저 물거품으로 부서지고
그리움 토해내듯 가슴 찢는 통곡소리
바람이 쓸고 가는 실향민의 피맺힌 절규

거북이

남쪽 관광객 몰려온다는 소문에
엉금엉금 기어와
해금강가에 납작 엎드린 그를 바라본다
얼마나 기다렸기에 저만큼 늙었을까
오죽이나 굶주렸으면
저토록 기진맥진 지쳐 있을까
오늘도 용왕님 병 고치려
데려갈 착한 토끼만 생각하고 있다
세찬 장대비 견디며
후미진 해금강가에 죽은 듯이 엎드려있는 그
적어도 열 명 쯤은 그 등을 타고
용궁을 구경할 수도 있으련만

볼도장

나 왔소 엥… 나 왔소 에…엥
날 꼬시며 주변을 맴돌던 그녀
이 몸 짝사랑하는가 볼을 내줬건만
그녀는 이미 임자 있는 몸이라고 약올리듯
살며시 내 볼에 입맞춤으로 대신했다

수줍은 듯 발그레
붉어오던 내 볼에 남긴 흔적
점점 부풀어 오르던 볼떼기엔
마크가 선명한 동전크기의 상처였고
오형제를 부르는 횟수가 잦아지더니
그녀는 거짓사랑의 상처를 남겨놓았다

임산부, 그녀에게 필요한 건 영양식이었고
나를 맴돌던 속셈은 피를 부르는 속임수
짝사랑으로 알고 볼을 내준 대가는
고작 볼떼기에 남은 볼도장이라니
그런 얄팍한 짝사랑 따위에
여전히 속으리라 다짐해본다.

따개비

까만 갓 뒤집어쓰고
칼바위에 달라붙은 따개비
바위에 납작 엎드린 채 죽은 척 내숭이다
그저 흔해빠진 조개류 정도로 생각했을 뿐
가치를 모른 채 하찮은 미물로만 여겨왔다
때로는 장난삼아 조약돌로 툭툭 건드려 보았다
헌데 어느 요리사가 전국을 돌며 TV특강으로
입맛을 자극하는 별별스런 요리를 선보인다
그는 갯바위에서 떼낸 따개비들을 푹 삶더니
된장을 풀고 갖은 양념을 넣어 구수한 국을 끓인다
갯마을에 살면서도 처음 따개비국을 맛본다는 주민들 역시
신기한 듯 연신 고개를 끄덕이며 환한 미소를 짓는다
밭에 지천으로 깔린 파란 보리 잎이 음식 자료가 되고
길가에 널린 들풀까지 맛있는 요릿감으로 변신하다니
도처에 깔려있는 먹거리도 몰라본 난 아둔한 바보다
이제라도 봇짐 싸들고 오염 없는 신토불이 유기농 찾아
시골 구석구석을 샅샅이 훑어볼까

올림픽 유치, 평창!

7월 7일 0시 25분!
패배의 쓴잔을 마시고도 실의에 빠지지 아니하고
어둠의 터널을 피눈물로 헤쳐 나온 승리의 깃발
평창올림픽 유치가 만천하에 알려지던 날
노심초사 나들이길 '대통령'의 눈물을 보았고
빙판 위의 요정 '연아'의 값진 눈물도 보았다
비록 감자밭 옥수수밭이 동강나고
수려한 금수강산 산허리가 잘릴지라도
만국에 울려 퍼질 대한민국 강원도 평창!
가슴 벅찰 그날의 함성으로 만족하련다
도움을 받던 나라에서 베푸는 나라로 발돋움한
굳건한 정신력으로 성공된 올림픽 치루고
동강으로 몰려드는
파란 눈 검은 피부 오색인종 품어 안고
그들의 입맛 사로잡을
곰취와 더덕향으로 빛을 보겠소
각축을 벌이는 세계 속 동계올림픽 평창 유치
실감나는 만세! 만만세!

용고를 두드리다가

논 밭갈이로 젊음 바치고
쓸모없는 늙은이로 전락하자
신통치 않은 잣대로 부위별 등급 먹여
갖은양념에 목욕이요 불구덩이에 담금질
생긴 모습대로 그늘에 말려
넓적한 재단대 위에 펼쳐놓고
입맛대로 그려대고 가위질 박음질로
가방 신발 소파 북 장구 만들어
돌아가며 심심치 않게 두들겨대다가
장마가 지면 축 늘어진 몸통 말려가며
이틀이 멀다하고 휘두르는 방망이질에
찢기운 몸 만신창이 되어 죽을 지경인데
얼마만큼 두들겨대면 저들의 흥 풀리려나

손칼국수

함지에 담긴 밀가루
묵은 빨랫감 빨아대듯 치대고 주물러
홍두께로 늘려 두레상에 올린 반죽대기
엉겨 붙지 말라고 흩뿌리던 밀가루로
마룻바닥에 하얗게 세계지도 그린다
펌프에 마중물 한 바가지 들이붓고
두 팔로 눌러대자 배앓이 하듯 꼬르륵 푸… 푸
삐걱거리던 펌프에선 콸콸 지하수 쏟아내고
찬물로 배불린 양은솥단지 화덕에 올려
마른 솔잎 불쏘시개에 팔각성냥 그어대면
불꽃 한 입 받아 문 솔잎 활활 불 춤추고
겁 없는 멸치 몇 마리 좌우로 신이 난 듯
뜨거운 바다에서 수영을 즐긴다
손때 묻어나도록 주무른 반죽대기
칼춤 추듯 간격 맞춰 자르고 나면
펄펄 끓는 솥단지로 줄지은 다이빙
급물살 탄 곤두박질로 숨 막힐 쯤 솟구쳐 둥둥
두툼한 사기그릇에 안겨 가쁜 숨 몰아쉬며 퐁당
목선타고 넘어간 연못에서 일생을 마감한다

썰렁한 명절

때늦은 가을 장맛비와
질풍처럼 달려온 태풍으로
가을걷이 앞두고 수장된 볏논
한숨 속에 찾아 온 야속한 한가위
뿔뿔이 객지로 흩어졌던 가족 친지
정겹게 둘러앉아 울 넘기던 웃음소리
갖가지 모양으로 송편 빚던 즐거운 명절이
망가진 농수산물과 고고 행진하는 유가(油價)
바닥 치는 경제로 서민들의 한숨을 부른다

잘 익은 햅쌀과 햇과일로
정성스레 올려야할 차례상이건만
처진 어깨로 설익은 낙과 숫자 줄여 사들고
맥없이 정육점 앞에 멈춰선 종갓집 아낙
태풍으로 쓸고 간 텅 빈 가슴엔 근심만 가득하다

5부

나들목의 애환

불공

잔물결 일렁이는 한적한 강가
조명이 춤추는 미음 강변 기도터
제 몸 불사르는 빨간 촛대 앞에서
무릎이 다 닳도록 꾸벅꾸벅 절이 한창이다
외아들 대학 합격시켜 달라
가족의 무병장수 기원하랴
지극정성으로 소원 비는 그녀
세월 낚던 강태공들 자리 뜬지 오래인데
무슨 사연 그리 많아 밤 깊은 줄 모르는가
꽹과리소리에 선잠 깬 어(魚)선생들
웬 소란일까 싶어
물가로 입 내밀고

내 할머니

가까운 선산 낮은 언덕에
아늑한 둥지를 트신
얌전이 할머님…
높은 자리에 윗분 모셔두고
유택 발치엔 친지들 집 마련케 하시며
당신 가까이엔 두 아들 보초 세워
일가를 이루었다
생전에 그랬듯이 오순도순
냉이 쑥 기르고
삐죽삐죽 씀바귀도 가꾸면서
언제나 청초한 모습 내 할머님
송송 은빛 털 고운 외투 속에
자색 치마저고리 챙겨 입고
잔디밭 가꾸느라 여념 없이
유연한 몸짓으로 잔디를 다독인다

짧은 삶

산천이 푸르른 사월 초하루
열흘간 허락된 세상나들이
그마저 한정된 한 평 공간
시골집 희미한 등잔불 밑

가녀린 생명줄
문지방에 내려놓고
다시 못 올 하늘길 가며
가슴에 대못박은 기막힌 사연

양지바른 뒷동산
송화 만개한 청솔 밑에
외로 꼰 새끼줄 울타리 삼아
땅 집지어 작은 육신 뉘일 때
하늘도 서러워 눈물 뿌렸다

마네킹

한복 입은 서양 마네킹을 우두커니 본다
6~70년대 수출 일억 불 달성을 외치던 시절도 아닌데
왜, 그녀에게 한복을 입혀야만 했을까
강산이 몇 바퀴 굴러간 요즘
눈에 뜨이게 늘어가는 외국인
그들을 위한 다양한 행사가 날로 늘어간다
다민족간의 화합을 위한 연말행사 한마당
외국인들이 능숙한 우리말로 우리가락을 흥겹게 풀어낸다
유리벽 안에서 수줍은 미소로 볼 붉히던 늘씬한 그녀
맵시 좋은 한복 곱게 차려입은 벽안의 서양아씨가
정겨운 모습으로 다가오는 것만 같다
새삼 고마운 한복으로 세계가 하나되는 명절 전야제
우리말로 세계가 하나될 수 있다면 얼마나 좋을까

한강 둔치엔

잡풀만 무성했던 황무지가 옥토로 바뀌어
각양각색의 코스모스가 팔랑거거린다
장미넝쿨 어우러진 하우스 밖으로 맨드라미 탐스럽고
싱싱한 파초 한 줄로 서서 빨갛게 꽃불 밝힌다
울안에 대롱대롱 그네 타는 귀염둥이 조롱박
카메라 세례 받느라 몸살 날 지경인데
비닐 끈에 묶인 큼직한 맷돌호박들
철장지붕에 매달린 채 늙으면서도
짚으로 엮은 똬리의자 타고 앉아 무게 잡는다
유리바닥 아래 촘촘하게 깔린 조약돌
오색 불빛에 반사되며 무지개로 피어나는 터널 속
연인 혹은 가족들이 햇빛을 피해 속속 그늘로 찾아든다
갖가지 음식 푸짐하게 펼쳐놓은 중년 여인들 입방아로
꾸역꾸역 즐기던 만찬 뒤로하고 불평을 쏟아낼 때
밥상만 한 해바라기 방실방실 오늘을 즐기잔다.

민속예술제

민속예술제 행사 초청받은 취타대
행사시간을 맞추기 위해 오전 7시에 출발했지만
내부순환도로는 무심한 거북이 행렬이다
훼방꾼 피해 선택한 울퉁불퉁한 일반국도
핸들 잡은 버스기사가 단원들 엉덩이를 거칠게 흔들어댄다
속 뒤집힌 일행 가까스로 차멀미 달래고 시간에 쫓기며
취타대 복장으로 단장한 우리 대원들
당찬 연주로 기립박수 담장 타넘는 열광의 도가니다
뜨겁게 달군 양주벌에 함성이 울려퍼지고
길싸움 배치기 두레농악으로 흥 돋울 때
구성진 태평소 무동 법고 사물 앞세운 재롱에
신명 오른 구지농악 깃발 하늘을 찌른다

특산품 홍보에 앞장 선 시군단위 문화원장
참가자 손 잡아끌며 복분자술에 한과 곁들인 선심공세다
그에 질세라 가평 잣막걸리 자랑에 정신 팔려있을 때
삼베옷에 베보자기 덮어쓴 촌부들의 난데없는 곡소리다
요령잡이 선창에 화답하는 상여꾼 뒤로 아낙들 짚신행렬
흥겨운 마당놀이 마구 휘젓고 공연장을 메운 숱한 행군에
두리번거리던 다문화가족들 야릇한 표정으로 씽긋 웃는다

인생열차

어느덧 미래호 6호선에 탑승한지도
꽤 오랜 시간이 흘렀습니다
8번 출구를 거쳐 9번 출구로 향하면서
왠지 마음이 바빠집니다
9번 출구를 빠져나가면
싫어도 좋아도
7호선으로 갈아타야 하기 때문입니다
언젠가는 꼭 가야만 하는 길이라기에
가슴속에 차곡차곡 쌓인 사연들
하나 둘 알뜰살뜰 엮으면서
불자도 아닌 신자도 아닌 성자도 아닌 이 몸
미련두지 말고 침묵으로 일관하며
뉘신지 모를 그분의 부름대로
환한 미소 머금고
기꺼이 달려갑니다

바위

태산을 이룬 그 속에 살던 그들
어느 날 폭약으로 떼어내는 살점되어
긴 트럭에 실려 대형 공장을 노크한다
사방으로 흩어진 형제들이 각기 다른 이름으로
자기 맡은 바에 충실하다는 소식 간간이 들려온다
까만 피부로 태어난 오석이는 뒷산 묘지기로 불려갔다
마을이 가까이 내려다보여 심심할 일이야 없다지만
점점 줄어드는 발걸음에 이야기꺼리가 궁색하단다
끝까지 버티다 포클레인에 번쩍 덤프트럭에 실려
아파트 마을로 이사를 왔다
지금은 매무새 다듬고 아파트 입구에 나직이 앉아
럭셔리한 쇼핑마니아 허황녀를 만나고
때로는 짝퉁에 정신 팔린 엉뚱녀도 만나지만
비가 오나 눈이오나 무게 잡고 앉아 자리를 지키지
곤드레만드레 쓰러질 듯 갈지자 쓰는 얼간이가
다짜고짜 시비를 걸어올 때도 있다

그저 말없이 그들을 지켜볼 뿐

닮은 꼴

사막의 짐꾼으로 바리바리 등짐 싣고
불볕 모래밭을 정처 없이 걸어야하는 낙타
갈증으로 헉헉거리다 가끔은 주저앉기도 한다
화면에 비친 그들의 삶이 고달프기만 한데
어쩌다 오아시스라도 만난다면 그보다 큰
행운이 있을까만 갈증으로 고집을 부릴라치면
주인의 손바닥에 놓인 금쪽같은 소금 한 줌에
고분고분 길들여지는 모습이 애처롭다
넓은 설원을 달리는 순록 역시
신나게 썰매를 끌다가도 갑자기 방향 틀어
옆길로 빠져나가 애를 먹이곤 하지만
지극히 적은 소금만 있으면 주인을 따른다
전혀 다른 환경 속에 살고 있는 그들이지만
염분을 필요로 하는 건 다를 게 없는 듯하다
그들에게 소금은 길들이기에 안성맞춤
없어서는 아니 될 명약이라 여겨졌다

만약에 소금이 없었다 할지라도
그들은 고분고분 주인을 따라줬을까?

장단 콩

사진동아리 넷이 신나게 통일로를 달려
찾아온 임진각 장단콩축제장
장마당은 이미 철수했고 인적이 뚝 끊어진 상태
음식찌꺼기 헤집느라 종종걸음치는 비둘기만 보일 뿐
가슴을 파고드는 싸늘한 바람이 빈 장터를 휘돌아나간다
끝없는 바닷가 철조망 너머로 희미한 북녘 땅 담던 망원렌즈에
나락 찾아 논바닥을 누비는 독수리가 잡혔다
잘못 전달된 정보로 흔적만 훑던 아쉬운 발걸음을 비웃는 듯
까마귀 한 쌍이 이따금 삭막한 바람 가르며 주변을 맴돈다
허탈감에 주저앉은 잔디밭 언덕엔 소망의 갈기 나부끼고
수천수만의 오색 바람개비들 앞 다투어 세월을 돌린다
자유로이 남북을 넘나드는 철새 떼가 한없이 부러울 듯
강 건너 고향땅 향해 통일을 염원하며 살아온 노인
강 건너 불구경하듯 어정쩡하게 바라보는 난민 1세 앞에서
한 맺힌 60여년의 세월이 뜨거운 눈물로 볼을 타고 내린다

삶의 끝자락에 망배단을 찾았다는 서글픈 탄식으로
휜 허리 떠받들던 꼿꼿한 지팡이가 파르르 떤다

소화불량

-도로

잡식성 체질인 그는
미세먼지 황사까지도
영양식인양 게걸스럽게 먹어치우고
불볕 갈증, 살을 찢는 칼바람마저도
숙명이라 여기며 살아왔지요
그런 그에게 빨간 신호등이 켜졌답니다
겨울이면 인심 쓰듯 배급되는 염화칼슘 세례
방사능비 황사비를 피할 길 없어
온몸으로 맞으며 늘상 누워만 살아야했지요
그로 인해 소화불량에 토사광란으로
오물을 배설하는 중이랍니다
때론 갈기갈기 찢긴 상처를 치유한다며
불인두로 지짐을 당하기도 하지만
아무 때나 침 뱉고
쓰레기를 던져대는 당신들을 보면 안쓰럽기만 하내요
당신들이 짓밟을수록 힘을 얻는
질경이 같은 내 삶이지만
온 가족이 함께 떠나는 나들이에
덩달아 춤추고 싶은 게 제 마음이랍니다

한 뼘의 땅

밖이 내다보이는 여성회관 3층
소리 없이 내리며 주차장을 덮어가던 눈발이
사나운 강풍을 만나자 눈보라로 돌변한다
창밖을 가로질러 달리는 중앙선 전철소음보다
더 요란스럽게 창을 두들기며 오가는 눈보라
발이 푹푹 빠질 만큼 눈이 쌓여간 역 앞 경사로
발길 빈번히 오가는 백화점과 전철역 사잇길이
스케이트장보다 더 반들거리는 빙판길로 변했다
돌잡이가 걸음마 배우듯 조심스레 걸어봤지만
역 앞 빙판길은 사나운 기세로 내 발목을 잡아챘다
덕분에 원치 않던 땅 서너 뼘 찜해놓고 누가 볼세라
엉덩이 어루만지며 도망치듯 서둘러 택시에 올랐다
55년만의 폭설은 승용차를 뒤엎고 전철을 세우고
행인의 머리도 움츠린 어깨 속으로 구겨넣는다

동절기의 북한강

연밭 언저리 강 위에 반쯤 처박힌 조각배
거센 눈보라 맞으며 쓸쓸히 혹한을 견딘다
땅방울이 뚝뚝 떨어지는 견지 낚시꾼
대어를 낚아 올리던 함성 고막을 찢는데
아직도 연인들의 밀어가 귀를 간질인다
두물머리 오가는 발길들 측은지심으로
끌끌 혀 차며 툭툭 한 마디씩 내뱉는 말
그 비싼 대여비로 시시비비하던 것이
저리도 괄시받고 있다며 언짢은 표정이다
텃새 떠나간 얼음광장은 입춘이 지났어도 꽝꽝
연밭도 꽁꽁 뱃길도 꽁꽁 바지선을 불러들였다
바지선을 타고 앉아 얼음 깨던 포클레인 뒤
텃새 하나 둘 좁은 물길로 성급히 날아들다가
조각난 얼음 날카로운 톱니에 헤딩을 한다
깨낸 얼음 다시 얼어붙을까 안절부절 새가슴
꽃샘추위로 동장군 내 몰면 꽁꽁 언강 풀리려나

나들목의 애환

한 해 두 번 변함없는 연례행사
지네가 줄지어 꼬물꼬물 기어가듯
전국 도로는 대형주차장으로 바뀌고
고속도로 주변은 남성들은 특권인양
간이화장실로 변하고
여성들은 속수무책으로 몸살을 앓곤 하지
의정부 포천 양평을 거친 차량이 몰려드는
남양주 구리 나들목의 병목 토평톨게이트
점심 뒤 식곤증은 운전자의 눈까풀 내리누르고
뒤로 물러설 수도 앞으로 나아갈 수도 없는 상황
조금 전에 듣던 도로소통이 원활하다던 뉴스도 허사로다
병목 현상으로 느림보 거북이걸음 기다리느라
지쳐 누우신 새우등이 안쓰러운 구순 노모님

아차산 관통이라니

새떼에 헛총질
원인 모를 선박의 침몰
생명을 담보로 뛰어든 숭고한 희생물
걸핏하면 일어나는 엄청난 사건 사고
뉴스 속보가 자막으로 화면을 스쳐간다
마의 손길 뻗어 호시탐탐 기회만 엿보던 화마는
가뭄으로 메마른 산천을 일순간에 잿더미로 만들고
수마가 사납게 할퀴고 간 흔적이 채 아물기도 전에
지도를 바꿔야 할 만큼 전장 버금가는 물난리 속에
아차산성을 관통하려는 정부와 실랑이 벌이던 구리시
터널파기 착수 이후 물거품이 되어버린 줄다리기로
공공장소 또는 청사 앞에서 지속되던 릴레이식 시위로
역사의 보고를 지키기 위한 안간힘의 세월 뒤로하고
한강을 가로지른 교각은 하나 둘 숫자를 더해갔다
상판이 올라가고 아치가 세워지고 둔치를 점령하면서
한강을 향해 헤벌린 입 다물 줄 모르는 두 아귀가
강동과 광나루를 맞물고 늘어지려는 시점에서
어찌 정부를 상대로 투쟁을 하겠는가

참성단을 오르며

지지난 봄 강화도 여행길에서
무릎 상처로 포기해야만 했던 산행
3년 만에 다시 찾은 마니산을 오른다
오늘이 아니면 영원히 오를 수 없으리란 결심으로
일행을 따라 나섰지만 점점 뒤처진다
아픈 무릎 달래듯 연신 감싸 안고
한 개 한 개 돌계단 숫자를 헤아리며 힘겹게 오른다
가물가물한 숫자를 다시 헤아려보지만
다리는 천근만근 점점 더 무겁다
단군왕검이 처음 나라를 세우고 제를 올렸다는 곳
오천년 역사를 간직한 찬란한 제단을 향해
느릿느릿 아주 천천히 한 발짝씩 옮기면서
포기하지 않은 나무늘보에 감사한다

죽을힘을 다해 오른 정상이라서 그런지
지성이면 감천이라서인지 감회가 새롭고
정상정복의 뿌듯한 감정으로 벅차온다

억척쟁이

눈여겨보는 이 없는 음지
빛을 볼 수 없는 그늘에서
있는 듯 없는 듯 근근이 자라던 그가
끌어안은 적송에 숱한 잔뿌리 내리고
수백 년 능 지킴이 휘감고 높이 오른다
긴긴 세월
억척스레 빌붙어 기생하며
튼실한 몸 만들어 가던 억척쟁이로

버팀목 진액 몽땅 갈취하고 잡균까지 옮기다간
어느 날부터인가 얽히고설킨 잔뿌리들로
움켜잡은 노송의 몸통을 야무지게 조이기 시작했지
흡혈귀보다 더 강한 마력을 감당키 어려운 송(松)씨 어르신
고통으로 길러낸 잡초에게 조건 없이 생명을 내어주곤
비록 덩치만 큰 고사목으로 남았지만 포기를 모른 체
조각조각 이끼로 기운 누더기를 걸치고도 여전히
꿋꿋한 능(陵) 지킴이로 당당하게 서있다

셋방

노란 바다가 출렁이는 농장 뒤뜰
평생 그 뜰 지키며 거듭한 세월 몇몇 해일까
이제 나이 들어 넉넉한 마음 나누며 살자고
우듬지에 무상으로 셋방 하나 들였지
따뜻한 늦봄에 태어난 쌍둥이 형제
건강히 자라 발걸음 떼면서부터
반가움 전하던 어미아비
아이들 먹이 찾아 집 비우기 일쑤고
이웃나들이도 부쩍 잦아졌지
그러던 어느 날 그들은 말없이 떠났고
빈방엔 누렇게 농익은 은행들로 가득했지

도토리 따러 갈참나무 오르던 청설모
은행나무 꼭대기 까치집 발견하곤
빈집 털러 그들의 옛집 급습한다

매미

냉기 가신 어느 날
터널 속에 갇혀 살던 굼벵이
고춧대 틈새 비집고 스며든 봄 햇살 움켜잡고
얇은 옷 벗어 웃자란 망초 대에 걸쳐놓은 한나절
촉촉한 날개 말려 원 없이 훨훨 날아
넓은 세상 구경할 준비로 여념이 없다

풋풋하게 말린 날갯짓으로
가로수 그늘에 숨어들어 왕왕 울어댄다
6,7년간 고난의 세월 견뎌낸 대가로
어렵사리 부여받은 2주간의 짧은 삶
청담동 공원길 백양나무 그늘에 앉아
잠실벌 땅콩밭 되돌려달라고 난리다
온 동네 떠나가라 목청껏 소리지른다
자동차소음까지 묻어버린 그들의 합창
사랑 찾아 외쳐대는 우렁찬 세레나데다

백설기

정월 초사흘
오늘이 하나님의 명절인가
온 국민이 골고루 나누라고
전국에 넉넉히 선물을 내렸다
배고파 서러웠던 지난 세월 잊으라고
산에도 들에도 하얗게 덮인 고운 세상
바라만 봐도 배가 부를 푸짐한 백설기
고구마 동치미 곁들여 원 없이 먹으라고
초가집에도 기와집에도 듬뿍듬뿍 내렸다
모두 함께 나누자는 하나님 명절 백설기 떡
참새도 즐거워 짹짹 어린새끼 불러 모으고
외지손님 반겨주던 까치도 한 몫을 한다
가난뱅이도 부자도 함께하라고
세상이 하얀 백설기로 잔치판 벌린
하나님 명절 정월 초사흘

발자국

그가 한나절 폭염을 끌고 경포대로 간다
콩나물시루 뚜껑 벗겨 들고 모래벌을 달려든다
금방이라도 녹아 버릴 것만 같은 용광로
따가운 모래밭으로 내딛던 그에게 가속도가 붙었다
물놀이에 지친 그가
하나 둘 연이어 파라솔 밑으로 기어든다
각 지역에서 몰려들어 북적대던 그들
넘실대는 파도에 지친 몸을 지운다
기다렸던 듯 활기찬 놀이마당 열리고
동아리 그들 위에 연인 그들이 겹치고
가족 그들 위에 MT 그들이 엉킨다
먼발치 말뚝에 매어있던 흑마의 그가
어린아이 둘 태우고 뚜벅뚜벅 바닷길을 걷는다
치고 빠지는 야무진 파도의 공격에
도란거리던 그들의 밀어는 사라지고
이내 서울로 서울로 길게 꼬리를 무는 그들

못된 녀석들

볼라벤 휘몰아간 어수선한 마을을
덴빈이 또 한 번 뒤집어놓았다
성급히 따라온 산바 녀석 험상궂은 얼굴 들이밀더니
못된 성깔로 물고문 일삼으며 거침없이 난동을 부린다
우산 뒤집고 간판 날리고 전신주 꺾고
담벼락 넘기고 집채 뭉개고
가로수 뿌리째 뽑아 인도 차도 막는다
그러고도 성이 안 찼는지 빗물받이 챙 뜯어 팽개치다 전선 끊어
모임으로 떠들썩하던 음식점을 암흑에 가두었다
적막을 깨고 골목을 뒤 흔들며 공포로 다가오는 굉음
매미보다 더 악랄한 산바에게 발목잡인 패거리들
희미한 촛불 하나로 씁쓸한 술잔 기울일 때
풍운아 또 한 녀석 북상 중이란 전갈,

까까머리

때 이른 아열대 유월 폭염에
새장 닮은 아파트 벗어나 외곽도로를 달린다
내리쬐는 태양 아래 소리 높여 울어대는 왕매미
배나무 즐비한 뒷산자락 안말 언덕배기
찜통더위에 땀범벅으로 씀바귈 캔다
밭머리에서 벌초하던 예초기가
벌떼 날아오르듯 요란한 소리로 운다
날카로운 굉음에 삭발당하는 저 산소
지켜보는 이 없는 쓸쓸한 묘지의 주인
전생에 혹여 탁발승은 아니었을까?

액자 속 그녀

까만 머리칼 곱게 빗어 쪽찐 새댁
옥양목 치마저고리 즐겨 입는 그녀
다소곳한 모습으로 거실 벽에 기대선 채
언제나 제자리걸음으로 현관문을 주시한다
대종가 종부로서 감당해야할 애경사
여덟 남매 키우랴 발바닥에 불붙은 듯
동으로 서로 분주했던 젊은 날의 그녀
단아한 모습 지우지 못해
머리엔 하얗게 서리를 얹었건만
시집살이 새내기 시절 곱씹으며
추억만 고수하는 순백의 그녀
구순을 넘긴 정지된 세월 속에
실크로 곱게 차린 틀 바꾸길 거부하며
나이는 숫자일 뿐이라며
마음만은 언제나 청춘이라며
칠십여 성상 네모난 틀 속에서
스스로를 위로하고 있는 그녀
옥양목이 누렇게 빛바랜 지금도
단아한 모습으로 벽에 기대서 있다

작품해설

다양한 시적 접근으로 읽는 근현대사

다양한 시적 접근으로 읽는 근현대사

김 순 진(문학평론가 · 고려대 평생교육원 시창작강사)

좋은 시는 생활 속에서 채록된 시다. 인간의 생로병사를 자연이나 사물에 빗대어 해석하고 반성하는 시는 문학의 궁극적인 목적이 된다. 그런 점에서 김태연 시인이 써온 시는 한결같이 서민들에게 위안을 준다. 그녀의 작품들은 관찰과 체험을 통하여 성찰을 습득하지만 '해라, 하지마라' 식으로 독자의 감정을 억제하거나 자신의 추억으로 끌어들이지 않는다. 대개 추억이라 하는 것이 대동소이해 누구나 느꼈던 것들이다. 그런데 김태연 시인은 그런 대동소이한 소재들을 통해 특별한 것을 발견해내는 혜안을 가지고 있다. 그녀가 선택한 소재들, 즉 액자나 항아리, 고향마을, 도로, 광고판 등은 수도자처럼 스스로 좌선하거나 바람처럼 인간의 아픔을 스스로 지워버린다.

김태연 시인은 이미 수필가로도 등단해 널리 활동해왔으며 수필집 『징검다리』를 상재해 출판기념회를 성대히 가진 적이 있다. 그런 그녀가 지난해 스토리문학 여름호를 통해 문단에 나오더니 날마다 시의 밭을 경작하는데 몰두한 끝에 마침내 시집을 상재하게 되었다. 말하자면 문학을 양수겹장으로 몰아 두 마리의 토끼를 모두 잡아낼 태세다. 많은 사람들은 시면 시, 수필이면 수필, 한 분야만 몰두해야 성공한다고 말한다. 그 말에도 일리가 있다. 그러나 문인이라면 적어도 시와 수필 정도는 넘나들며 써야 한다. 한 분야만 고집하라는 것은 어쩌면 된장국만 먹으라든지 피자만 먹으라고 하는 것처럼 들린다. 김남조, 유안진, 신달자 등 성공한 여류시인들을 보더라도 그분들은 시보다 수필이 더욱 알려져 있지만 시인으로 살아가고 있는 분들이다. 시인이 수필을 쓰고, 수필가가 시를 쓰는 것은 지극히 자연스러운 창작행위다. 다양한 공간에 참여하고 다양한 곳을 여행한다는 것은 사람의 내면을 그만큼 성장시키고 반성하게 해서 우리가 문학을 하는 이유가 자아발견에 이르게 하는 것인 바, 지금 김태연 시인은 그 길을 충실히 걷고 있는 것으로 보아진다.

최근 몇 년을 김태연 시인과 가족처럼 지냈다. 시인은 나를 친동생처럼 아들처럼 아껴주셨다. 그리고 진심에서 우러나는 마음으로 나를 스승으로 대해주셨다. 그런 김태연 시인께 나는 진심으로 대해드렸다. 그것은 나 스스로에게 신뢰로 다가왔고, 이제 시인과 함께 말벗하며 가족처럼 사는 것이 얼마나 행복한지 모른다. 그녀가 읽고 쓰는 세상은 진실한 것들이며 걷고 있는 길도 모두 바르고 진실해서, 사회적 경험이 많은 그녀에게 인생길을 묻고 동행한다는 것은 그만큼 실패를 최소화하고 행복감을 마음 가득 들여놓고 살 수 있기 때문이다.

김태연의 시를 읽노라면 마치 근현대사의 역사책을 읽는 듯하다. 구슬치기, 기계충, 다듬이질, 광열쇠, 모심던 날, 문창호지,

오곡밥, 고무신, 다식, 호띠기, 나물망태 등 6~70년대 보릿고개 시절의 언어들이 무수히 보인다. 그러나 그녀의 시를 읽노라면 칠순을 앞둔 분의 시라고 생각하기엔 깜짝깜짝 놀랄 때가 있다. 다양한 메타포발상법으로 쓰인 그녀의 시는 우선 사물을 사람으로, 사건이나 일 자체를 사람으로 끌어다 인칭메타포를 발생시킨다. '구두 : 나'와 같은 명사를 1인칭으로 놓거나 '모심던 날 : 너' 같은 서술적 언어와 '오리실 : 당신' 같은 마을 이름을 2인칭, 그리고 '종소리 : 그' 같은 청각적 언어들까지도 3인칭으로 놓고 메타포를 발생시키기 때문에 그녀의 시는 시적 공감의 깊이를 더해준다. 게다가 그녀의 시는 "꾸중들을까 눈을 질끈 감은 며느리 / 땅따당 땅따당땅 / 어머니, 이젠 땅 한 자리 팔아 세간살이 내주시지요 / 떡떠덕 떡떠덕떡 / 떡두꺼비 같은 아들 하나 낳아주기 전엔 어림도 없다"(「다듬이질」 중에서) 와 같이 말놀이를 시의 주된 묘사법으로 채택하는 묘사발상을 통해 시를 더욱 재미있게 만들거나, "부글거리는 삼복더위 배앓이에도 / 안으로 안으로 삭이며 / 지극 정성 정화수 떠놓고 / 밤낮 없이 불공 중이다"(「항아리」 중에서)와 같이 사소한 사물을 보며 자신을 되돌아보게 하는 성찰발상법을 채택하여 시가 단순히 발견과 재미를 넘어서 자아발견임을 깨닫게 해준다.

그럼 이쯤에서 그녀가 써온 시세계는 어떠하며 우리는 그녀의 시세계를 통해 무엇을 만나고 무엇을 되돌아보아야 하는지 살펴보자. 그녀가 채택하고 있는 시적 발상법은 무엇이고, 어떤 수사법으로 시를 심화시켜 가는지 살펴보고자 한다. 우선 인칭메타포발상법에 대하여 살펴보기로 하며 1인칭메타포발상법에 의한 시 한 편을 예로 든다.

나는 예쁜 사람보다 부지런한 사람을 좋아합니다
내가 백화점에 나타나면 숱한 눈길 끌지요
아, 알뜰살뜰 매만지는 그 보드라운 손길
한 코너의 마스코트이자 선망의 대상이었죠
어느 날 나는 멋과는 동떨어진 그의 맘에 들어 시집을 왔습니다만
한 달에 고작 두세 번 외출
나는 늘 어둠에 갇혀 추위와 공포로 떨어야 했지요
이제 그는 다른 여인 만나서 들로 산으로 돌아치니
억울하고 분해서 금방이라도 죽을 것만 같습니다
날 데려온 그가 이제 나 같은 건 필요치 않다네요
게다가 해가 바뀌어도 일광욕은 고사하고
음습하고 빛 없는 그늘에만 살라고 하네요
고되고 힘든 삶이라 할지라도
부지런한 사람을 만나고 싶어요
그대의 따사로운 체온을 느끼고 싶어요
그대를 따라 경쾌한 걸음으로 가고 싶어요
그대를 따라 빙글빙글 춤추고 싶어요
나를 데려가줄 사람 없나요

－「구두」 전문

이 시는 1인칭 메타포발상법에 의해 쓰여진 시다. 여기서 구두는 구두의 신분을 철저하게 잊고 사람으로 그 역할을 해낸다. 이기홍의 「근엄한 모자」가 생각나는 시다. 또 어느 정도는 전

개방식이 그의 시를 닮았다. 그러나 운은 차용해왔을지라도 '구두'와 '모자'는 엄연히 다른 시다. 이기홍은 「근엄한 모자」에서 "사람들이 자신의 외모보다 모자에 관심을 보이는 것 같아 서운하기도 하지만 어느새 상전이 되어버린 그를 몰아내고 청바지 입기를 좋아하는 나를 데려올 수 없느냐"며 모자를 통하여 자신의 내면을 성찰해낸 바 있다. 김태연 시인 역시 구두를 통하여 "어떤 사람을 좋아하는지, 어떤 사랑을 하고 싶은지, 어떤 인생을 살고 싶은지" 성찰해내고 있다. 말하자면 1인칭메타포 발상법에 의해 쓰여진 시되, 성찰발상법을 병행해 썼고, 독백적 어조를 사용하고 있는 셈이다. 인칭메타포 발상법은 사물이나 사건이 그 스스로의 신분을 드러내서도 안 되며 철저히 사람으로 행색해야 한다. 또한 사람으로 설정된 사물은 사람의 심리상태 안에서만 행동해야지, 구두나 모자의 특성을 드러내서는 안 된다는 말이다. 그런 점에서 김태연의 시 「구두」는 여성입장에서 한 남자를 따라온 것 같은 시적 카타르시스를 충분히 발산하고 있다고 하겠다. 다음에는 2인칭 메타포발상법에 의한 시를 한 편 읽어보자.

못줄 감아쥐며 두 발 뒷걸음질치던 너는
느슨하게 못줄 풀어 선을 긋는다
듬성듬성 던져놓은 모춤 챙겨든 너의 손놀림이 바쁘다
네가 더듬고 간 흙탕물로 이사한 꼬맹이들
단발머리 산발한 채 수렁 속에서 새집증후군을 앓는다
이쯤에서 한 마지기 모내기를 마친 너는
가쁜 숨 몰아쉬며 흙투성이로 논둑에 올라

권련 한 대씩 꼬나물곤 휜 허리를 편다
똬리 위 큼직한 광주리 야무지게 움켜잡고
한 손엔 주렁주렁 종고라기 매달은 너
행여 참시간 놓칠세라 종종걸음으로
삐뚤삐뚤 한 논둑길 외줄을 탄다
머리에 광주리인 너 아무렇게나 둘러앉아 너
걸쭉한 막걸리와 풋풋한 생절이로 지껄이는 너
봄 입맛 돋구고 허기 달래주는 너
구수한 냄새로 시장기 부추기며 군침 돌게 하는 너는
강달이 듬뿍 섞인 감자조림으로 막걸리를 부른다
욕심껏 퍼 담은 바가지만 바라봐도 배가 불룩한 너

누렇게 고개 숙인 너의 가을이 저만치서 다가온다
－「모 심던 날」

이 시를 읽으면 6~70년대의 모내기하는 날에 일어날 수 있는 소재들을 요소요소에 배치시켜 우리의 근현대사가 가난과 허기로 그리 녹록치 않았음에도 아름다운 추억으로 회상하게 한다. 메타포발상법의 대상이 단순히 사물에 그치지 않고 '3.1운동, 4.19의거, 6.25동란, 6.29선언, 5.18광주민주항쟁' 같은 사건이나 '생일, 모심던 날, 휴전선을 넘나드는 새' 등 다양한 대상을 인칭메타포발상법으로 놓고 쓸 수 있다는 증거가 된다. 앞서 언급한 바와 같이 '모심던 날' 같은 서술형 언어를 2인칭 메타포 발상법에 의한 '너'로 자유롭게 시를 구사한다는 것은 김태연 시인이 그간 그만큼 시적 수련을 열심히 해왔다는 증거다. 이 시에서 2인칭 '너'로 표현된 것들은 많다. '못줄 감아쥐며 두

발 뒷걸음질치던' 것도 '모심던 날'이란 '너'이며, '듬성듬성 던져놓은 모춤 챙겨든' 것도 '모심던 날'이란 '너'이다. 그러니까 여기서 표현되는 모든 너는 '모 심던 날'로 읽으면 된다. '모심던 날' 그 자체가 그날 일어났던 추억들을 모두 불러 세우고 다독이면서 같은 시적공간에서 끈끈한 유기체로서의 공생관계를 맺고 있다. 50여년이 흐른 지금에도 전혀 쇠퇴 없이 울타리 밑에 피어나던 작약꽃처럼 여전히 피어 있다. 그 이유는 무엇일까? 그것은 시인이 시제를 과거로 쓰지 않고 현재로 표현해냈기 때문이다. 직접 표현하지 않고 '너'라는 2인칭 메타포발상법으로 쓰여졌기 때문이다. 그럼 3인칭 메타포발상법에 의해 쓰여진 시 한 수를 더 읽어보자.

성격 좋고 맵시 좋은 멋쟁이
밤색 가죽옷에 꽃단장한 그녀가
중년을 넘어선 늦깎이 만학도를 만났다
이틀이 멀다하고 수강이다 특강이다
바삐 돌아치는 아지매를 닮아가는 그녀
늦깎이 따라 나서느라 덩달아 바쁘다
늘 그랬듯이 불룩한 배 내밀고
아지매 손 꼭 잡은 채 옆구리에 바싹 달라붙어
졸졸졸 따라다니는 그림자 같은 그녀
평생교육 수강 동료 아지매 단짝친구 그녀는
명강의를 좋아하는 것까지 아지매를 닮았다
가죽옷이 썩 잘 어울리는
사랑스러운 그녀

-「가방」 전문

그녀는 필자가 강의하는 고려대 평생교육원 시창작과정에서 2학기 째 공부중이다. 그간 단 한 번도 숙제를 내지 않은 적이 없을 만큼 열정을 보이며 공부하고 있다. 지난 학기에는 개학 전에 평소 앓던 관절염 수술을 하고 공부에 임하려고 했지만 치료기간이 길어져 부득이하게 등록을 하지 못하였다. 그렇다고 해서 그녀가 한 학기를 그냥 허송세월한 것은 아니었다. 그녀는 늘 습작을 했고 그 덕분이 오늘 이처럼 멋진 시집을 상재하게 된 쾌거를 이룬 것 같다. 그녀의 옆에는 늘 책이 몇 권 들어갈 만한 큼직한 가방이 동행한다. 그녀는 시만 배우러 다니는 것이 아니다. 오라는 곳은 없어도 가야할 곳은 많다는 말이 그녀를 두고 한 말인 것 같다. 그것이 곧 칠순을 앞두신 연만하신 연세임에도 이제 막 환갑을 넘긴 분처럼 젊게 사시는 비결이 아닌가 생각된다. 구리시에서 운영하는 취타대에서 용고를 치기도 하고, 서예를 배우며 국화나 난을 치기도 한다. 어머니로 살아가랴, 딸로 살아가랴, 문인과 사회인으로 살아가랴. 게다가 요즘에는 늦은 나이에 새로 사업을 시작하신다고 하니 그 열정이 부럽다. 그렇게 열심히 따라다니려면 책도 넣어야 하고, 안경도 넣어야 하고, 화장품이랑 작은 손거울, 필기구가 들어갈 큼지막한 가방이 필요할 게다. 그런 가방은 누구보다도 든든한 백이 되어주는 최고의 친구이며 후원자일 것이다. 어찌 사랑스럽지 않으랴.

3인칭 메타포발상법으로 쓰여진 시 한 편을 더 읽어보자

그가 한나절 폭염을 끌고 경포대로 간다
콩나물시루 뚜껑 벗겨 들고 모래벌을 달려든다
금방이라도 녹아 버릴 것만 같은 용광로

따가운 모래밭으로 내딛던 그에게 가속도가 붙었다
물놀이에 지친 그가
하나 둘 연이어 파라솔 밑으로 기어든다
각 지역에서 몰려들어 북적대던 그들
넘실대는 파도에 지친 몸을 지운다
기다렸던 듯 활기찬 놀이마당 열리고
동아리 그들 위에 연인 그들이 겹치고
가족 그들 위에 MT 그들이 엉킨다
먼발치 말뚝에 매어있던 흑마의 그가
어린아이 둘 태우고 뚜벅뚜벅 바닷길을 걷는다
치고 빠지는 야무진 파도의 공격에
도란거리던 그들의 밀어는 사라지고
이내 서울로 서울로 길게 꼬리를 무는 그들

－「발자국」 전문

많은 사람들은 흔히 잘 된 사람을 조명하려 한다. 영화배우를 조명하고, 유명 축구선수를 조명하고 국회의원이나 장관, 재벌 등을 조명하려 한다. 큰 것을 조명하려 한다. 나이아가라폭포를 조명하고 만리장성과 피라미드와 나일강과 백두산과 한강과 63 빌딩과 서해대교를 조명하려 한다. 그것은 방송사 신문사 기자들의 자세다. 시인들이 조명해야 할 자세는 대단한 것이 아니라 하찮은 것이다. 너무나 잘 된 가수 '싸이'나 피겨의 요정 '김연아'가 아니라 노점에 좌판을 펴고 앉은 할머니다. 망가진 유모차에 박스를 주워 끌고 가고 있는 할아버지다. 싹싹 비는 파리의 두 손이며 길게 늘어뜨린 모기의 뒷다리다. 하찮은 풀 한 포기 조약돌 한 개다. 머리 위로 날아가는 새가 싼 똥이며, 값비싼 명품 구두가 아니라 그 허름한 구두 뒤축에서 대접받지 못하고 떨어져나가는 발자국이다. 하얀 눈 위에 선명히 새겨진 발자국보다 하루 종일 물속을 걸어 다니며 먹이활동을 하다가 아무 일 없다는 듯 창공으로 날아오르는 황새의 지워진 발자국에 우리는 초첨을 맞추어야 한다. 이 시는 3인칭 메타포발상법에 의해 쓰여졌다는 방법론적 사실 말고도 중요한 의미를 준다. 동아리 발자국 위에 연인의 발자국이 겹치고, 가족의 발자국 위에 MT 나온 학생들의 발자국이 엉키는 것을 바라볼 줄 아는 시인은 그리 많지 않다. 바닷가에 수없이 찍혔던 발자국들, 그 발자국을 지우고 가는 물의 발자국, 차량의 발자국을 지우는 뒤차의 발자국……. 그 발자국이 향하는 곳은 경포대이든, 묘지이든, 서울이든 상관이 없다. 발자국은 모든 가능성을 가지고 가고 있고 모든 어둠과 시련의 발자국은 발자국을 통해 지워진다. 나무는 발자국을 하늘에 매달고 땅 속 어둠을 걷는다. 결국 모든 발자국은 지워지지만 걷는 자는 성장한다. 우리는 그간 얼마나 많은 발자국을 남기며 오늘까지 걸어왔는가? 시인은 우리가 우리의 조상들이 걸어온 발자국을 고스란히 밟고, 뒤따르며, 지우며 걸어가고 있는 것을 보고 있다. 김태연 시인 스스로가 어머니의 발자국을 그대로 따라가고 있는 한 어머니를 보고 있는 것이다.

다음엔 색다른 시 한 편을 읽어보자.

> 아침을 뭉치고 풀리기를 반복하며
> 슬금슬금 옅은 구름을 뜯어먹던 그 남자
> 산천을 뜯어먹을 듯한 성난 바람소리에 놀라
> 제 몸을 뜯어먹는 그 남자

후두둑후두둑 굵은 소나기가 산들을 게걸스럽게 먹고 있다
사람들 국에 밥을 말아먹듯
황사를 멀겋게 타 마시는 그 남자
주꾸미축제 행렬은 덜커덩덜커덩 가속도를 먹어치우고
채석강으로 달리는 앞길은 방해꾼들을 먹어치운다
주꾸미는 모두의 불안을 먹어치워 희희낙락인데
손톱만한 게딱지들 환영인사차 시멘트벽을 갉아먹고 있다
멀리서 밀려오는 싸늘한 바닷바람 가슴을 먹으려 들고
거친 숨 몰아쉬며 일그러진 얼굴은 철썩철썩 파도를 먹는다
잔잔한 해변을 사납게 치고 빠지던 거친 그 사내
거대한 심장 벌름거리며 숨긴 속성 드러내
허기진 듯 야금야금 갯바위를 갉아먹는다
수많은 세월을 잡아먹고도 그 욕심 접지 못한 그가
거대한 수마되어 어부를 삼키고 마을을 삼키고도 모자라
원전까지 삼키려한다

– 「먹는다」 전문

이 세상에 죽어있는 것은 아무 것도 없다. 모든 우주만물은 살아있고 생동한다. 초등학교 자연시간에 배운 생물과 무생물은 시적 해석방법이 아니다. 국어사전을 찾아보니 "무생물 : 생활 기능이나 생명이 없는 물체. 돌이나 흙, 물 따위가 해당된다."라고 나와 있다. 그런데 이는 틀린 말이다. 이 세상에 존재하는 모든 사물(시간, 사건 포함)은 먹고, 걷고, 날며, 낳고, 말하고, 살며, 배설한다. 걷는다는 표현으로 사물을 생각해보자. 소나무들은 어디를 향해 걸을까? 푸르름으로 걷는다. 바위는 어디를 향해 걸을까? 단단함을 향해 걷는다. 어둠은 밝음을 행해 걷고, 밝

음은 어둠을 향해 걷고……. 이를 바꿔 말해보자. 소나무는 푸르름을 먹고, 바위는 단단함을 먹고, 어둠은 밝음을 먹고, 밝음은 어둠을 먹고……. 똑같은 방식으로 '낳다'를 적용해보자. 소나무는 푸르름을 낳고, 바위는 단단함을 낳고, 어둠은 밝음을 낳고, 밝음은 어둠을 낳고……. 시인은 이에 착상하여 하늘이 모든 것을 게걸스럽게 먹고 있음을 발견해낸다. 그리고 하늘을 그 남자라는 화자로 놓고 시를 전개해간다. 그러다보니 그 남자의 식성은 너무나 왕성하며, 포식자임이 드러난다. 시는 '이렇게 써도 돼요?' 물어보는 게 아니라 김태연 시인처럼 자신만의 표현방법을 통해 새로운 시도를 하는 것이다. 그래야 시가 단조롭지 않다. 비슷비슷한 소재일지라도 모두 다른 방법을 통해 표현된다면 읽는 사람은 매번 새로운 길을 가게 되는 셈이다. 그래서 시인은 관찰자로서의 역할에 끝나는 것이 아니라 프런티어, 즉 개척자로서의 역할이 중요하다는 것을 김태연 시인이 몸소 보여주고 있는 것이다.

좋은 시는 어떻게 쓰는가로 시작해서
비유법 은유법 1인칭 2인칭 3인칭까지
메타포발상법을 일깨워주던 열정 담은 강의
묘사발상법과 성찰발상법 관찰발상법을 거치면서
생소한 단어들로 새내기들 머리가 아팠다
평소엔 줄줄이 쓸 것만 같았던 글들
막상 필을 들면
어지럽게 누웠던 글감들은 연기처럼 사라지고
머릿속은 온통 캄캄했다

숙제를 올리려고 컴퓨터를 열면
재미있던 얘깃거리도 슬며시 꼬리를 감춘다
있는 그대로 진솔하게 쓰라던 수필과는 달리
꼬집고 비틀고 뒤집는
반전의 글을 쓰라고 강행군
상상발상법 수강에는 별별스런 상상을 떠올렸다

때로는 막막했지만
엉터리 글일망정 순종하는 마음으로
주 1회 숙제만은 거르지 않고 꼬박꼬박 올렸다
갈급한 마음 치료해준 주치의가
한없이 고마운 종강 앞두고 시화전 개최로
스토리문학지 평생교육원 동인지
문학공원 동인지 작가수업 동인지 등
문우님들의 타는 갈증 풀어줄 봇물이 터졌다
오, 고맙고 가슴 벅찬 수료식

－「봇물 터지듯」 전문

그녀의 말처럼 이제 그녀의 언어저수지, 그 봇물이 터졌다. 바야흐로 그녀의 마음은 생동하는 봄이다. 버들강아지에 물오르고 개구리의 입이 떨어졌다. 우수 경칩 지난 그녀의 숲에서 꾀꼬리들이 만화방창 노래한다. 누구의 도움 없이 스스로 시를 쓸 수 있다는 것은 봇물이 터진 그녀의 봄에 만물이 생동한다는 뜻도 있겠지만, 그만큼 그녀의 언어저수지로 흘러드는 물의 유입이 풍부하다는 말도 된다. 겨우내 얼었던 언어의 땅이 녹아 실개천에 물이 불었다는 말로 풀이된다. 이제 무엇이든 보면 시를 쓰실 수 있을 것 같다. 지금처럼 몇 년 더 열심히 하시면 거뜬히 언어의 자급자족시대를 여실 것 같다. 곳간 가득 쌓아둔 추억을 하나하나 꺼내 새 부대에 담아 내다팔 수도 있을 것 같다. 나도 하나 줘요 나도 하나 줘요. 그녀의 시가 세인들에게 품귀를 일으켰으면 좋겠다. 스스로 "문우님들의 타는 갈증 풀어줄 봇물이 터졌다."며 "오, 고맙고 가슴 벅찬 수료식"이라 말하는 김태연 시인의 말에서 필자 스스로가 더욱 벅찬 감동을 느낀다. 평생 시를 모르고 살다가 최근 몇 년 만에 시의 달인처럼 되어가는 그녀가 너무나 대견하고 멋져 보여서 감동이 인다.

천년의 꿈을 켜켜이 접어
100년 동안거에 드시려하네
그나마 정해진 기간 동안의 허락된 만남은
층층이 쌓인 짓눌림으로 다가오네
한 곳에 고정된 눈길조차 돌릴 수 없는데
어느 날 오가던 발길 뚝 끊어지고 나면
뭍사람들의 세상살이 어찌 들을까
궁금한 사연들이 몸부림치네
촘촘한 틈으로 들여다보는 눈길과
수많은 발길 오가는 소음들로 몸살을 앓네
그러나 그들에겐 나라를 지키고
백성을 구해야 한다는 꿈이 있었네
지금 그들은 감옥에 갇힌 몸
왜 유리방에 넣어 모든 이가 볼 수 없을까
긴 세월 속 그들이 토해낸 한풀이를
새소리로 헹구고 맑은 아침을 맞네

– 『영어囹圄살이 – 팔만대장경』 전문

지난해 가을, 고려대 평생교육원에서 문학기행으로 해인사를 다녀왔다. 팔만대장경이 약 800년 동안의 나들이를 끝내고 칩거에 들어간다. 앞으로 100년 동안 세인에게 공개하지 않는단다. 나무로 만든 문화재라서 너무 많은 사람들이 보고 만지고 풍화에 시달려 특별한 약품처리로 100년 동안 동안거에 든다고 해서 지난해엔 수많은 차량이 합천 해인사로 몰렸었다. 필자도 인솔자로 함께 다녀왔지만 시 한 편 쓰지 못했는데 이처럼 걸출한 시를 써내다니 그 열정이 정말 부럽다. 팔만대장경은 몽고의 침략을 불가의 힘으로 물리치기 위해 만들어진 불경이다. 그냥 나무토막 팔만개도 아니고 한 자 한 자 칼끝으로 글자를 새겨 넣은 장경판이 무려 팔만 개라니? 그 나무를 자르고 쪄 말리고 글자를 새겨 틀어지지 않게 보관하기 위한 노력은 어떠했겠는가? 가히 고려 사람들의 인내와 성의, 나라를 건지겠다는 구국의 일념에 머리를 숙여 박수를 보낸다. 시인의 소망처럼 무턱대고 감추고 안 보여주는 것이 능사는 아닐 것 같다. “왜 유리방에 넣어 모든 이가 볼 수 없을까”라는 시인의 말에 공감한다. 시인은 “긴 세월 속 그들이 토해낸 한풀이를 / 새소리로 헹구고 맑은 아침을 맞네”라며 800여년의 긴 세월에 수없이 당해온 외세의 침입과 방화, 도난으로부터의 한풀이를 삭이고 여전히 상쾌한 기분으로 아침을 맞는다는 팔만대장경의 입장이 되어 세상을 바라보는 눈이 한없이 긍정적임을 은연중에 드러낸다.

그러다 좋은 사람 만나
헤벌린 입 다물지 못한 채
새사람을 선뜻 받아들였다
심한 입덧에
가리지 않고 받아먹어
남산만하게 배만 불렸다

시집 못 갈 줄 알았던 나를 보고
싱글벙글하시는 우리 아버지
밤새 꼰 새끼줄 틈새 비집고
청솔가지 빨간 고추 까만 숯덩이
순서대로 야무지게 끼우고서
대문 밖 문설주에 금줄로 내거셨다

부글거리는 삼복더위 배앓이에도
안으로 안으로 삭이며
지극 정성 정화수 떠놓고
밤낮 없이 불공 중이다

-「항아리」 전문

사람은 누구나 항아리다. 모두 가득가득 채우며 살고 싶지만 잘 채워지지 않는다. 항아리는 채우기 위해 존재하는 것이 아니다. 비웠을 때 비로소 항아리 속을 휘돌아나가는 공명을 들을 수 있다. 어릴 때 빈 항아리를 자주 들여다보았다. 가끔 비라도 들이쳐 바닥에 물이 살짝 고이면 하늘의 구름도 담기고, 해도 담기며, 울타리를 휘감아 올라가는 빨간 강낭콩 꽃이나 감자주

색의 나팔꽃도 들여놓곤 했다. 빈 항아리에 상반신을 반쯤 드리운 채 "아!"하고 소리치면 내 짧은 음성은 몇 배나 긴 여운이 되어 항아리 속을 돌아다녔다. 항아리에 쌀을 채우면 쌀독이 되고, 술을 채우면 술독, 물을 채우면 물독이 된다. 쌀이나 술, 물이 완전히 비워지기 전까지는 쌀독이나 술독, 물독이라는 이름에서 벗어날 수 없다. 아무것도 없음이 확인되었을 때 돈을 넣어 돈독을 만들 수도 있고, 금을 넣어 금독을 만들 수도 있으며, 아무것도 넣지 않은 채 원래의 이름 항아리를 고수할 수도 있다. 항아리는 쉽게 깨진다. 항아리를 유지할 수 있는 것은 무엇을 가득 채우느냐가 아니다. 쌀, 술, 물 같은 내용물을 아무리 가득 채워도 외부에서 보면 그저 항아리일 뿐 무엇이 들어있는지 모른다. 그 말은 항아리에 무엇을 넣었느냐가 중요한 것이 아니라 깨뜨리지 않고 보전하는 것이 중요하다는 말인 것 같다. 사람의 관계도 항아리 같다. 여학생들이 자기 친구가 다른 친구와 친한 것이 싫어 이간질하며 둘 뿐 아니라 자신과의 우정항아리마저 깨뜨리는 것을 우리는 보았다. 이미 잘 구워진 행복의 항아리를 들여놓고 살고 있음에도 남의 항아리를 넘보다 자신의 행복을 깨뜨리는 경우도 있다. 행복은 물질만으로 채울 수 없다. 항아리가 모두 비워질 때 무엇이든 넣을 수 있는 가능성 100%가 되는 것처럼 사람도 비우고 나눌 때 진실로 행복해진다. "안으로 안으로 삭이며 / 지극 정성 정화수 떠놓고 / 밤낮 없이 불공"을 들일 때 시의 항아리도 가득 차게 되고 행복의 항아리도 가득 차게 된다는 시인의 말은 우리에게 삶에 있어 겸손하며 정성을 다해야 한다는 채찍으로 들린다.

이상에서처럼 김태연 시인의 시 몇 수를 통해 시인의 시세계를 들여다보았다. 그녀의 시에는 근현대사에서 일어났던 무수한 일들이 마치 영화의 장면 장면처럼 스쳐간다. 그러나 그녀는 그런 오래된 소재들을 그저 감정에 치우쳐 형용사를 열거하거나 영탄과 감탄으로 시의 악습을 되밟지 않으려 애쓴다. 새로운 시 창작법을 끊임없이 공부하고 습득하여 자신만의 영역을 구축하려 노력한다. 그럼으로써 단순히 시를 좋아하는 만학도가 아니라 현대시단이 나아가는 경향과 패턴에 보조를 맞추거나 오히려 향도처럼 앞서 나가려 한다. 말하자면 소재는 옛날 소재이되 기술은 현대기술이라서 플라스틱 재료로 스마트폰을 만들어내는 것 같은 기발함을 보여준다. 그녀의 언어들은 가족처럼 고향처럼 어머니처럼 동창처럼 푸근하고 정답고 안정감 있지만 푸른 꿈을 먹은 유실수와 같아서 끊임없이 희망을 생산해낸다. 현실에 긍정하면서도 새로운 세상을 향해 오감을 열어두고 사는 시인에게 습작기간의 노고를 치하드리며, 이제 만학도라는 별명을 벗어던지고 현역시인이라는 칭호를 쓰셔도 되겠다는 생각을 해본다. 첫 시집의 완성도가 이렇게 높을 진대 벌써부터 다음 시집이 기다려진다.

문학공원 시선 74

봇물 터지듯

초판인쇄일 2012년 11월 22일
초판발행일 2012년 11월 25일

지은이 : 김태연
펴낸이 : 김순진
주 간 : 지성찬
부주간 : 권순진, 임영석
편집장 : 전명숙
디자인 : 김초롱
펴낸곳 : 문학공원
등 록 : 2004년 3월 9일 제6-706호
주 소 : (우편번호 130-814)서울 동대문구 신설동 114-89
삼우빌딩 C동 302호 스토리문학사
전 화 : 02-2234-1666
팩 스 : 02-2236-1666
홈페이지 : http://cafedaumnet/yob51
이메일 : 4615562@hanmailnet

* 책값은 뒤표지에 있습니다.

ISBN : 978-89-6577-052-7 03810